Engaging Supports that Motivate Students who are Chronically
Absent from School through Adlerian Psychology
How to Encourage Children, their Families and Teachers

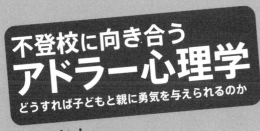

不登校に向き合う
アドラー心理学

どうすれば子どもと親に勇気を与えられるのか

深沢孝之[編著]

アルテ

はじめに

　子どもに関する相談、臨床において、不登校は最も多い「主訴」である。「不登校は誰にでも起こりうる」と文部科学省が宣言してだいぶ経ったが、不登校が当たり前にあるからといって、それが問題でなくなったわけではない。子どもの生きる世界が、家庭以外のほとんどが現実には学校である以上、そこに適応できないことは、本人や親にとって死活問題に感じられるのは当然である。

　そのため、これまで官民問わず教育や心理臨床の関係者は、「不登校問題」に対してさまざまな試みをしてきた。

　その中であまり知られていないが、アドラー心理学は子どもの教育と臨床に長く、幅広く関わってきた歴史がある。アドラー自身が第一次世界大戦後のウィーンで、臨床だけでなく子育てや教育に深い関心を寄せ、世界に先駆けて児童相談所を作り、教師へのコンサルテーションや親子へのカウンセリングを行ってきたのだから、筋金入りである。実は既に日本でもアドラー心理学に関心を持った人たちの中に、不登校児の親御さんや関係者がたくさんいる。関連する講座では、専門家以上に熱心にアドラー心理学を学び、実践している姿をよく拝見する。

　私はこれまで、アドラー心理学を学ぶ臨床家の仲間と、臨床心理学的支援の方法としてのアドラー心理学の紹介に努めてきた（『アドラー臨床心理学入門』『アドラー心理学によるスクールカウンセリング入門』『思春期・青年期支援のためのアドラー心理学入門』（いずれもアルテ）、『臨床アドラー心理学のすすめ』（遠見書房）など）。

その流れを受けて今回は、不登校に焦点を当てることにした。アドラー心理学的支援の特徴が、最もよく表される領域と考えられるからである。今回はカウンセラー、ソーシャルワーカー、教師といった専門職だけでなく、ともにアドラー心理学を学ぶ保護者にも協力していただいた。それぞれの立場の支援者たちがどのようにアドラー心理学を理解し、応用していったか、報告や考察をしているのでご覧いただきたい。

　不登校問題はすそ野が広く、取り上げることができたのはほんの一部に過ぎないので、「これが解法である」と声高に主張するつもりはないが、読者が、「アドラー心理学は不登校の支援においてもけっこう役に立つかもしれない」と、何らかの示唆を得ていただけると幸いである。

深沢　孝之

目　次

はじめに　3

第1章　子どものケースとアドラー心理学からの学び
現代の不登校事情　11
不登校のケースにおけるアドラー心理学活用の利点　14
アドラー派の対人援助職の在り方　16
アドラー心理学の基本的な考え方　18
問題行動や症状の基本的な捉え方　22
「不安」を持つ子どもたち　25
「不安」を感じている子どもへの接し方　34
不登校ケースで大切な連携について　39
不登校傾向を示す子どもたちとの関わりから学んでいること　41

第2章　元教育相談員、小学校教師が取り組むアドラー心理学に基づく不登校支援
はじめに　45
不登校についての筆者の基本的な考え方
　　──なぜ学校に行くのか　46
ライフスタイルと不登校　47
環境に敏感な子ども──発達障害と不登校　49
おわりに　64

第3章　元不登校児へのインタビューⅠ
——不登校していたときに考えていたこと、そして親や教師にしてもらいたかったこと
　はじめに　67
　元不登校児へのインタビュー　67

第4章　元不登校児へのインタビューⅡ
——Eさんの場合、非行から不登校へ
　不登校の親、語る会　83

第5章　わが子の不登校から始まったアドラー心理学の学びの道　97

第6章　不登校生と不登校対応にかかわる支援者とのあいだ　119

第7章　スクールソーシャルワーカーが行なう不登校支援についての考察
　はじめに　133
　アドラー心理学の学びから　135
　スクールソーシャルワーカーとしての実践　138
　おわりに　146

第8章　不登校の理解と支援
　不登校という問題　149
　不登校のジレンマ　150
　不登校が開く教育の多様化　150
　アドラー心理学的な不登校理解　153
　不登校への多様な支援　154

第9章　不登校へのアドラー心理学的アプローチとは
　不登校を巡って　169
　アドラーと学校教育　171
　予防的アプローチとして　172
　カウンセリング・コンサルテーションの方法として　174

おわりに　187

不登校に向き合うアドラー心理学

第1章　子どものケースとアドラー心理学からの学び
　　　　　　　　　　　　　　　　　　　山口　麻美

現代の不登校事情

　筆者は現在、東京都公立学校のスクールカウンセラー、都内個人経営のメンタルクリニック、首都圏内の民間の発達支援の会、民間のフリースクール、公共機関での生活援護世帯への児童・生徒支援という複数の現場で、カウンセラーやスタッフとして、不登校児童・生徒や引きこもり傾向のある青年などと関わる機会があります。筆者の臨床経験は７年目とそれほど長くはありませんが、複数の現場で、様々な不登校、不登校傾向、あるいは引きこもり傾向のある人たちのケースに関わる機会をいただき、まさにケースから学んでいると言えます。複数の現場で働いていて、全ての現場で不登校に関するケースに多少なりとも携わることがある、ということ自体が「不登校」の多様性を示しているのかもしれません。様々なケースに関われば関わるほど、「不登校」と一言で言っても、その状況、背景、当事者の困り感、家族の困り感などは多種多様であると感じております。

　「不登校」に関して、公にはどのような解釈がなされているのか、まずは、文部科学省が定めた「不登校」の定義や、文部科学省が行なった「不登校」に関する調査結果などで見てみましょう。文部科学省では、不登校を「何らかの心理的、情緒的、身体的あるいは社会的要因・背景により、登校しないあるいはしたくてもできない状

況にあるために年間で 30 日以上欠席した者のうち、病気や経済的な理由による者を除いた者」と定義しています。

　文部科学省の調査では、平成 27 年度「児童生徒の問題行動等に生徒指導上の諸問題に関する調査」における義務教育段階の不登校児童生徒数は、約 12 万 6 千人で、平成 24 年度から 3 年連続増加しています。

　また、文部科学省は、不登校の継続理由から、「無気力型」「遊び・非行型」「人間関係型」「複合型」「その他型」と 5 つに類型化することができる、としています。平成 26 年 7 月に報告された、「不登校に関する実態調査」から平成 18 年度不登校生徒に関する追跡調査報告書では、不登校の主な継続理由として、「無気力で何となく学校へ行かなかったため」(43.6％)、「身体の調子が悪いと感じたり、ぼんやりとした不安があったため」(42.9％)、「いやがらせやいじめなどをする生徒の存在や友人との人間関係のため」(40.6％)、「朝起きられないなど、生活リズムが乱れていたため」(33.5％) が回答の上位を占めている、と報告されています。このような調査から、文部科学省も不登校の多様化・複雑化を指摘しています。さらには、このように多様化・複雑化し、増えている不登校の児童・生徒に対して、文部科学省も、学校に戻すという選択肢だけでは問題解決しないとしており、不登校傾向を示す児童・生徒が学校以外で安心して過ごせる居場所作りにも力を入れ始めています（文部科学省「不登校児童生徒による学校以外の場での学習などに対する支援の充実　個々の児童生徒の状況に応じた環境作り〜報告　平成 29 年 2 月 23 日　フリースクールなどに関する検討会議」）。

　筆者は、様々な不登校のケースに関わる中で、漠然とした「不安」

第1章　子どものケースとアドラー心理学からの学び

を抱えている状態、やらなくては、と思っているのにやる気が出てこない状態、頑張りたいのに頑張ばれない状態、つまり思い通りにいかずに葛藤を抱えているような状態を、口頭でというより、行動や体調で訴える児童、生徒に数多く出会います。家庭的な背景もあるかと思うのですが、学校に行かなくていいと思っていたり、学校という存在を気にしなかったり、という不登校児童、生徒に関わる方が珍しいです（そもそも、このようなタイプの児童、生徒は相談につながらないことが多いからだと思われます）。中には、「学校なんて行っても仕方がない……」とか、「教室なんて入らなくてもいい」というような内容の発言をする児童、生徒もいますが、彼らは、表面的にはそのような態度を取っていても、学校、教室、同級生を意識していて、学校、教室、同級生を快く思えない自分や現状に対して、「そんな自分はダメだ、受け入れてもらえるはずがない」などと劣等感を持っていることが多いのです。そこから多かれ少なかれ「不安」な気持ちを抱え、困っていることが多いように思います。泣きながらも学校に来たり、お腹が痛くなりながら別室登校したり、嫌な感じがする学校の相談室には来室したり、本当は不安がらず、嫌がらず登校できたらどんなに楽だろうと思いながら家を出られずに悶々としていたり、と自分なりに毎日頑張っていたり、苦しんでいたりする子どもがいます。このような子どもたちは、学校を休んでいるから、家にいるからと行って決して楽ではありません。このような自分を責めて辛い思いをしていることもあるのです。「学校に行けないことを悩んで家にいる方が辛いから」と言って、気持ちが悪くなりながらも朝から最後まで学校にいるような子どももいます。

　本章では、アドラー心理学の理論、考え方が不登校ケースにどの

ように活用できるのか、アドラー派の対人援助職として不登校ケースにどのような態度で臨んでいるのかについての基本的なことをお伝えします。そして、様々な不登校ケースがある中で、主に「不安」を感じやすい子どものケースや、「頑張りたいのに頑張れない状態」の子どものケースなどについて、アドラー派の対人援助職の一人として、筆者がどのように関わっているのかについて話してまいります。

不登校のケースにおけるアドラー心理学活用の利点

　筆者は、決して経験豊富とは言えないながらも、なんとか不登校のケースに関われてこられたのは、アドラー心理学を学んでいるおかげだと感じております。筆者が、こう思うには訳があります。筆者が考えるアドラー心理学の利点を4つ挙げます。

　1つ目は、アドラー心理学の普遍性、汎用性です。アドラー心理学は、大人でも子どもでも、精神的に健康であっても不健康であっても人として共通の「人間知」（人として共通のこと、人間の本性を知ること）を求めた心理学です。不登校のケースでは子どもだけではなくて、保護者や教職員やその他の機関の人々と関わることが多いです。ですから、子どもから大人まで幅広く対応できる理論や考え方が必要で、アドラー心理学はまさにこのような理論で、普遍性や汎用性があることは利点の一つと言えましょう。アドラー心理学の普遍性、汎用性などについては、鈴木（2015）が詳しく述べていますので、ご興味のある方はご参照ください。

　2つ目は、アドラー心理学の理論、考え方の実用性です。他のケー

第1章　子どものケースとアドラー心理学からの学び

スと同様に不登校のケースでも、子どもとその子どもを取り巻く環境を理解することが、当然、大切です。その上で、その子どもの今後のあるべき姿について、明確な方針を持つことも大切です。アドラー心理学は、人を理解するための理論や考え方（「ライフスタイル」など）と、人のあるべき姿についての理論や考え方（「共同体感覚」など）の両方を持っていますし、それらを実践できる方法論・技法（「目的論」「勇気づけ」など）があります。簡単にいうと、アセスメントと問題対処に活用できる理論、考え方、それを実用化できる技法が揃っていることが利点であると思われます。

　3つ目は、子どもの教育に関して、明確な考えを示していることです。アドラー心理学は、人の人生における子ども時代を重要視しており、子どもの教育に対する独自の思想、理論、考え方を明確に示しています。アドラー自身が、第一次世界大戦後のウィーンに児童相談所を創設し、実際に、問題行動を呈する子どもの臨床に携わっていました。さらには、そのような子どもに接する保護者や教員の相談に応じ、教育現場や家庭においても心理教育が必要であると考え、自らの心理学を心理専門家以外の専門職や一般の人々にも積極的に伝えるように努めていました。その精神が、現在のアドラー心理学にも受け継がれています。このように、アドラー心理学が子どもの教育に関して明確な考えを示しており、さらには、創設当初から教育分野と協働していて、相性が良いことも利点の一つと思われます。

　最後に4つ目の利点は、対人援助職としての在り方を示してくれる心理学であることです。これは、3つ目の利点からの続きになるかと思われます。アドラー心理学は、その大切な思想の一つである

「共同体感覚」が示すように、もともと、人として他者との協働を視野に入れている心理学と言えるでしょう。ですから、アドラー心理学は、相談に来る子どもや保護者だけではなく、不登校ケースに関わる対人援助職自身の在り方も示していて、必要な協働能力、連携能力が培え、成長を促す心理学であることも大切な利点の一つであると筆者は感じています。

　ここでは、アドラー心理学の専門用語がいくつか登場しました。本章でも後で説明はしますが、詳しく説明するには紙面が限られていますので、ごく簡単な内容にとどめていることをご了承ください。もっと詳しく学びたい方は、鈴木ら（2015）、深沢編著（2015）をはじめとした他書に当たっていただければと思います。

アドラー派の対人援助職の在り方

　アドラー派の対人援助職のあるべき姿、態度とはどのようなものなのか、についてお伝えします。ここでは、筆者が大切に思っている基本姿勢を簡単に説明します。

- ・「課題の分離」を念頭に置いて活動をする。
- ・関わる子ども、保護者、教職員などとは「横の関係」で信頼関係を築くようにする。
- ・とにかく「勇気づけ」をする。
- ・「不完全である勇気」を持つ。
- ・アドラー心理学の基礎があれば、その実践は柔軟で良い。

第1章　子どものケースとアドラー心理学からの学び

　アドラー心理学では、「課題の分離」という考え方があります。これは、現在生じている問題が、誰の課題であるのか、自分と相手の課題をはっきりと分けて考えること、そして、課題の持ち主が自分の課題を主体的に解決することが望ましい、という考え方です。相手との合意があれば、相手の課題を手伝うことができます。それでも、課題を主体的に解決するのは課題の持ち主であることは変わりません。ですから、筆者のような対人援助職は、不登校傾向を示す子どもや、そのことで悩む保護者、教職員などに対して、彼らが自身の課題を主体的に解決するためのお手伝いをすることが、仕事です。要するに、対人援助職は裏方であり、手を出し過ぎないことが大切です。

　「横の関係」とは、対人援助職と援助される者とが、「上下の関係」ではないということです。人は皆、平等であり、同じ人間です。アドラー派の対人援助職は、相談に来る人に対して、「横の関係」を意識し、相手を尊敬、尊重し、無条件に信頼する姿勢が大切です（これはアドラー派に限ったことではないと思われます）。このような「横の関係」で、信頼関係を構築していきます。

　そして、対人援助職がすることは、とにかく「勇気づけ」をすることです。「勇気」とは、本人が自らの課題を乗り越えようとする活力、エネルギーと言えます。「勇気づけ」とは、それが相手の中に湧いてくるような関わりや態度のことです。どのようなことが「勇気づけ」になるのかは、相手によって異なります。「勇気づけ」は相互信頼に基づいたコミュニケーションの中で生じるものだと思われます。アドラー派の対人援助職は、どのようなことが相手にとって「勇気づけ」になるのか、試行錯誤しながら関わり続けることが

大切です。

　そして、対人援助職は、「不完全である勇気」を持つことが大切です。対人援助職は万能ではありません。自分にできることと、できないことを見極めて、できないことはできない、と認める勇気が必要です。認めた上で、いまの自分にできる最大限のことをするように尽力すること、そのような自分に必要なことは何か、を考えていくことが大切なのです。筆者は、対人援助職が「不完全である勇気」を持ち、それを示すことで、不登校ケースで関わる子どもたちも「不完全である勇気」を持てるきっかけになればと思って活動をしています。

　最後に、アドラー派は柔軟であることを良しとした寛容性のある心理学であることをお伝えします。アドラー心理学の基礎、基本をしっかりと理解した上で、活動しているのであれば、実践の方法ややり方は、個々人の個性や力量により、異なってもよしとされています。こうしなければならないというような堅苦しいものはありません。また、アドラー心理学の基礎に反しなければ、ほかの心理学派の優れた技法などを用いても構いません。このような柔軟性、寛容性のある考え方は、子どもに接する時の態度にも反映されていると筆者は思っております。

アドラー心理学の基本的な考え方

　アドラー心理学には、子ども（人）を理解する理論、考えや子どもの教育に関する明確な理論、考えがあると述べました。ここでは、基本的な内容を簡単に説明します。

第1章　子どものケースとアドラー心理学からの学び

　子どもに限らず、人は、社会的に適応できない行動、つまり不適応行動をとることがあります。このような行動は、問題行動と捉えられます。反社会的な行動、例えば、人と喧嘩をする、暴力を振るう、万引きをする、モノを破壊する、犯罪行為をするなどは、他者に害を及ぼすので問題行動として分かりやすいものです。不登校は、他者を傷つけるわけではありませんが、一般的には学校に登校することが社会的に適応している行動とされますので、不適応行動となり、問題行動の一種と捉えられます。

　アドラー心理学では、問題行動やこころの不調というのは、人が持っている「劣等感」（自分が他者や自分の理想よりも劣っていると感じる感覚）に関係があると考えています。アドラーは、「劣等感」自体は悪いものではなく、むしろ人が成長するためのバネになるようなもので、むしろ必要なものであると考えていました。しかし、この「劣等感」を克服しよう、乗り越えようとする時に、勇気をくじかれている状態（勇気が持てない状態）にあると、克服できないと思い、「劣等感」が過度に強くなり、「劣等コンプレックス」になります。この「劣等コンプレックス」が問題で、これがあると人は、「共同体感覚」を発揮するような望ましい方向に行動できなくなってしまい、望ましくない方向に自分が優れている、あるいは特別であると感じるための行動（優越性の追求）をとります。これが、不適切な行動、問題行動であると捉えています。アドラー（Adler, 1970/1930）は、「この劣等感は心の中で毒のように作用し、子どもを常に満たされないものにする。このような不満を感じていれば、有用な活動をするようにはならない」と述べています。この一連の流れを図1で、筆者なりに説明します。

図1　アドラー心理学の基本的な考え方（問題行動が生じる過程）

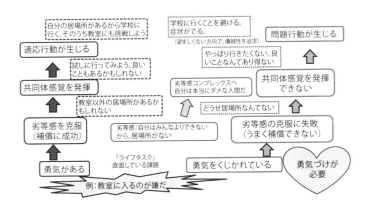

　アドラー心理学では、人の問題行動（不適応な行動）を図1のように捉えているので、問題行動を呈している子どもに接する対人援助職は、とても簡単にいうと、根気強く「勇気づけ」し続けることが大切になります。相手と信頼関係を築きながら、目の前にいる子どもが、どんな「劣等感」を持っているのか、どのように勇気がくじかれているのか、とその子どもの「ライフスタイル」（人の思考・行動・感情のパターンの総称。人が生きていく上での運動の法則、方針）を理解しようとしながら、その子どもなりに「共同体感覚」が発揮できるように勇気づけし続けることになります。このプロセスは、臨床対象や現場が異なっても、アドラー派における共通のプロセスであると、筆者は複数の現場を経験して感じています。

　アドラー（Adler, 1970/1930）は、「共同体感覚は、いわば子どもの正常性のバロメータである」とした上で、「子どもがどの程度

共同体感覚を身につけているかを評価するよい方法は、学校に入学する時に子どもを観察することである。学校に入るとすぐに、最初のもっとも困難な試験の一つを受けることになる。学校は子どもにとって新しい状況だからである。それゆえ、学校は子どもが新しい状況に立ち向かうためにどれほど適切に準備ができているのか、とりわけ、どれほど適切に新しい人と出会うための準備ができているかを明らかにするだろう」と述べています。さらに、アドラー（Adler, 1970/1930）は、劣等感の補償がうまくいかず、「共同体感覚」が育まれにくい（発揮しにくい）タイプとして、「虚弱な、あるいは劣等器官を持ってこの世に生まれてくる子ども、次に、厳しく育てられ愛されなかった子ども、第三に甘やかされて育った子どもである」と述べています。

　また、先ほど、「優越性の追求」という言葉を用いましたが、アドラー（Adler, 1970/1930）は、「共同体感覚」と同じように、人には「優越性の追求」という基本的なものがあると考えていました。人として優れていたい、秀でたいという思いです。健全な人では、「優越性の追求」は「共同体感覚」に沿ったもの、つまり、他者や共同体に貢献する形で達成されます。しかし、勇気をくじかれている人は、「共同体感覚」に沿わない方向で達成しようとします。これが、問題行動、不適応行動となって現れるのです。先ほどのアドラーが示した劣等感の補償がうまくいかないタイプとして紹介した子ども像では、誤った方向に「優越性の追求」が示されます。アドラーが考えた子どもの教育とは、とても簡単にいうと、子どもの「共同体感覚」の育成、発揮のために、周囲の大人が子どもを勇気づけるということです。

アドラーがこのように述べたのは、20世紀の初めです。このようなアドラーの基本的な考えを聞いて、現在、臨床現場で活動されている方々が思うことは、様々あるかと思います。筆者は、アドラーの考え方は、現在にも十分に活用可能なものであると感じております。筆者の経験から、約1世紀経った現在でも、また、国が異なっていても、子どもの実態、子どもに生じていることは、多少異なる点があったとしても、ほぼ変わらないのではないか、と思われます。

問題行動や症状の基本的な捉え方

　アドラー心理学には、「目的論」の考え方があります。人の全ての行動には目的がある、目指す目標があるという視点です。また、人の行動は、一つ一つを見ると矛盾しているように見えても、全体で見れば（「全体論」）矛盾せずに一貫した流れがあり、この流れは、将来の目的（目標）に向かっていると考えます。言い換えると、人は目的（目標）に向かって、運動する（行動する、動く）ものだと考えており、人の「動き」を大切に捉えます。
　これに不登校を当てはめると、不登校は、単に学校に行けない、行かない、何もしていないということではなく、目的があって「不登校をしている」ことになります。「不登校をしている」目的は、苦手なものを避けることで自分を守るため、不登校をすることで自分が何かに困っていること、何かに不満を持っていることに気づいてもらうため、学校より家にいたいため（例：母親と一緒にいたいため、家にいても怒られないし家にいた方が楽だから、など）という事になります。目的は、本人が意識していることもあれば、本人

第1章　子どものケースとアドラー心理学からの学び

が意識していないこと、つまり無意識的なこともあります。また、「全体論」の視点も大切にするので、「行きたい」気持ちに対して、「行けない」行動や「行かない」目的が矛盾しているとは捉えません。本人は、「行きたい」気持ちと「行けない」行動、気づいていないかもしれないけれども「行かない」目的があって、全体として、こられがうまく一致していないから、思うように動けずにとても苦しい状態であると捉えます。

　本章では詳しく説明しませんが、ご参考までに、アドラー心理学では、不登校も含め、子どもの不適切な行動について、大きく分類して4つの目標（中高生の場合には、さらに、追加される目標があります）があるとしています。詳しくは、ディンクマイヤーら（Dinkmeyer, 2016）などをご参照ください。

　次に、不登校の子どもたちによく生じる症状の捉え方についても説明します。「学校に行こうとするとお腹が痛くなる」「頭が痛くなる」「息苦しくなる」などというような症状も行動の一種と考え、目的があると考えます。症状も、「劣等感」と関連していると考えられており、自分が劣っている感じを、「共同体感覚」を発揮できるような望ましい方向で克服できない場合、例えば、「お腹が痛い」という症状が起こる事で、特別な存在になること、「優越性を追求」することができます。

　筆者は、心理学を学んでいる学生時代に、児童精神科医のレオ・カンナー（カナー）の考えを教わりましたが、それを今でもよく記憶しています。カンナー（Kanner, 1957）は、症状を芝居の入場券に例えて説明しています。症状は、その子どもを知るための入り口

23

でしかないのです。症状自体にとらわれてしまうと、その先にある子どもの本質を見ることができないことを、入場券は芝居を観るためのものであり、入場券自体を見ても芝居の内容は分からない、と例えているのです。アドラー心理学の症状の捉え方も、カナーの考えに近いものがあると筆者は感じています。症状自体にとらわれ過ぎてしまうと、肝心なその目的や、子どもの「ライフスタイル」の全体像が見えなくなってしまいます。症状により、一体子どもが何をしようとしているのか、例え、本人がそれに気づいていなくても、対人援助職を含めた専門家はそのことを考えながら、関わることが大切なのです。

　アドラー心理学では、ある目的のために、「症状」が使われていると考えています。梶野（2017）は、アドラー心理学では、症状の目的や、隠された意図として、次のことが考えられるとしています。

・勝利や支配を確実なものとするため
・危険からの回避や退却
・他者への非難
・優越性の誇示
・現実からの要求の免除
・周囲に奉仕を強いる
・他者の関心を維持させる

　上記の内容を見てみると、不登校傾向を示していて、何らかの症状を訴える子どもに関して、当てはまること、心たりのあることなどがいくつかあるのではないでしょうか？　周囲の人は、何かと注

第1章　子どものケースとアドラー心理学からの学び

目や世話や心配をしますし、＜それなら、〇〇して良い＞とか＜〇〇は大変だろうからやらなくても良いのでは＞、と特別扱いをしがちになり、負担を軽くすることを考えるでしょう。また、周囲の大人たちは、普段よりも、このような子どもの言い分に耳を傾けて聴こうとするかもしれません。ちなみに、本章では詳述しませんが、先ほど引用したカンナーも症状にあるいくつかの役割を挙げています。ご興味のある方は、参考文献をご参照ください。

「不安」を持つ子どもたち

　筆者は本章で、何だかよくわからないけれど、色々なことが「不安」になる子どもたちに関しての例を紹介します。ここで取り上げる例は、個別の事例ではなく、よくある典型的な例としての架空事例であることを予めご了承ください。

　そもそも「不安」とは、どんな感情でしょうか？「何だかよくわからない」というように漠然としていることが不安の特徴の一つです。岩井（2016）は、不安を「未来（近未来）に直面しなければならない課題がある。だが、その内容が明確ではないため、向き合わなければならないと思いながらも、十分な対処ができないでいる感情」と定義しています。不安の目的としては、「自己の身を守る」「自己を何かしらの行動に駆り立てる」の二つが挙げられています。例えば、転職を考えている人が、不安を感じることで、新しい仕事をすることを躊躇い、検討し直すかもしれませんし、今までお金の管理に無頓着だった人が、老後に不安を感じたので、貯金をしようというように、行動につながることがあるかもしれません。また、怖い対象がはっきりと分

かっている「恐怖」の感情に比べて、不安は内的要因が強いと説明されています。つまり、不安は、「もし、○○になったらどうしよう……」などと、将来起こり得る悪い事態を先読みして、自分の考えの中から湧いてくることが多いのです。先を考えることが得意な人は、不安な気持ちにもなりやすいのではないか、と筆者は感じております。また、アドラー（Adler, 1970/1930）は、「共同体感覚から生じる安全」という表現をしています。このことから、筆者は、共同体感覚を持っていたり、発揮できたりする人は、安全を感じることができるのだと解釈しています。ですから、不安を感じる人は、「共同体感覚」をうまく持てていなかったり、発揮できていなかったりするのではないか、と考えています。筆者も不安を持ちやすい傾向があると自覚しています。自分の体験を振り返ると、苦手なことに対して、悪いことを先読みしていたり、不慣れな環境でうまく他者と協働できない（「共同体感覚」を発揮できない）と感じていたりする場面では、不安を感じることが増えると思います。

　筆者が携わる現場では、何が気がかりなのかはっきりと分からないけれど、何となく不安であることから、教室に入りにくくなったり、学校に来にくくなったりしている子どもたちに出会うことがあります。彼らは、例えば、「友達の○○さんが苦手」「プールが苦手」「給食が苦手」「○○先生が苦手」「お母さんと離れたくない」などと、何が気がかりなのかについて多少は語ってくれます。苦手だと語ってくれたことについて対処がなされると、学校や教室に入れる子どももいます。一方で、それが気がかりなことのほんの一部にしか過ぎなくて、それだけでは事態が変わらない子どももいます。先程引用したアドラーの言葉にもあるように、このような子どもたちは、

第1章　子どものケースとアドラー心理学からの学び

もっと全般的に自分が置かれている環境に対して準備ができていないように感じます。環境＝学校とは限りません。このような場合は、子どものライフスタイル全般を見るような視点で関わることが大切と言えます。

　不登校傾向を示す子どもの保護者と面談する機会もあります。この間までは問題なく登校していたのに、最近になって急に行けなくなってしまった、と保護者を始め、周囲の大人たちは感じているかもしれません。思い当たるきっかけをたずねると、お友達とちょっと喧嘩をしてしまったり、数日間体調不良で学校を休んだ後だったり、と何となくのものはあるのですが、学校を休むほどの決め手になるようなことがなかったりします。筆者は、このようなケースに対しては、学校に行きたくない気持ちを最終的に後押ししたきっかけは何かあったかもしれないけれど、きっとそれ以前から、その子どもが困っている何かがあるだろうな、と予測することにしています。学校に行きたくないことにつながるその子の「ライフスタイル」の特徴が何かあるな、学校に行かないことの目的は何かな、などと予測します。筆者が不登校傾向のある子どもに関わり始めたばかりの時にはよく分かっていなかったのですが、数年間、関わっていくうちに、このような子ども達は、「まじめ」過ぎたり、「○○でなければならない」という考えが強かったり、「失敗したくない」という気持ちが強かったりする傾向があるのではないか、と思うようになりました。そして、「○○でなければいけない」と思っているけれども、その通りにできなくなりつつある時に、「このままできなくなってしまったらどうしよう」「できない自分はダメだ」と、劣等感や不安が増してしまうのではないか、その結果、「きっとうま

くいかないに違いない」と、学校や教室に足が向かなくなってしまうのではないかと感じています。保護者の方に、＜○○さんは、結構まじめではないですか？ 学校で、知らないうちに頑張り過ぎている、ということはありませんか？＞とたずねてみます。そうすると、「そういえば……」と思い当たるエピソードや、そんなに頑張らなくても良いのに、と思うほど、何かを一所懸命にやるエピソードや、失敗することや、恥ずかしい思いをすることが人一倍苦手だったりするエピソードなどが語られたりします。＜もしかして、本人は分かっていないかもしれないけれど、ちょっと疲れちゃったのでしょうかね？＞とお伝えすると、そうかもしれないと思う保護者もいらっしゃるようです。

　このように真面目な子どもが、「学校に行きたくない」と言ったとしたら、そのこと自体、相当な頑張りかもしれません。はっきり言える子どももいれば、学校に行きたくないとは言わないけれども、朝、学校に行こうとすると、「頭が痛い」と訴えたり、「お腹が痛い」と言ってトイレに入ったまま、出て来られなくなったりする、というように、症状を使って「もう限界です」と訴えるタイプの子どももいます。心配した保護者が近くの病院に連れて行くと、体の問題ではなく、こころの問題で、「不安神経症」「不安障害」なのではないかと言われることもあるかもしれません。時に、「起立性調節障害」や「貧血」など、体の具合も不調であることもあります。先程もお伝えした通り、体の症状は、決してサボっていたり、ズルをしたりしている訳ではありません。症状を使う目的と、不安の目的を考え合わせてみると、自分が向き合わなければならない課題があるけれど、それが何かはっきりと自分では分からず、充分に準備ができて

第1章　子どものケースとアドラー心理学からの学び

いないから、自分の身を守っていたり、準備不足の状態を周囲に訴えていたり、自分への関心を求めていたりすることになるのではないか、と推測ができます。

　このような状態にある子どもを、どのように勇気づけられるのかを考えながら関わることが、アドラー派の対人援助職にはとても大切なことです。信頼関係が築けていれば、子どもに対して、核心をいきなり伝える人もいるかもしれませんが、筆者は、核心を伝える勇気を持つのに時間がかかるタイプです。ですから、まずは、今まで、いろいろと頑張ってきた真面目な子どもが、今まで一度も学校が嫌だなんて言わなかった子どもが、学校に行きたくないと言ったり、言えずに症状を訴えている状態になっていたりすることを筆者なりに想像してみます。そして、＜頑張って自分の思いが言えたね、行きたくないって言うには、とても勇気が必要だったよね＞、とか＜今まで、きっと頑張り続けてきたんだよね＞というようなことをまずは伝えたいと思っています。

　もし、保護者と話ができるのであれば、保護者の「ライフスタイル」も考え、保護者が子どもにどのように接しているのか、子どもとの関係はどのように築かれているのか、なども推測していきます。頑張り屋の子どもの保護者は、やはり頑張り屋であるかもしれません。もし、高めの理想を持っていたり、完璧主義傾向があったりする保護者であれば、生活における子どもの緊張感は自ずと高くなるでしょう。子どもに対する保護者の接し方に変化があれば、当然、子どもにも変化が生じるでしょう。必ずしもうまくいくとは限りませんが、保護者はどのような人で、どのようなことを伝えたら、子

どもに良い変化が生じるのか、そういうことも推測しながら、保護者と関わるように努力をしています。子どもが不登校傾向を示すと、当然、保護者もそのことでショックを受けたり、思い悩んだり、苦しんだりすることが多いです。保護者は、子どもの頑張りは理解してくださっても、一体これまでの何がいけなかったのか、自分の育て方がいけなかったのか、学校がいけないのか、というような原因探しの方向に行ってしまいがちです。このような場合は、＜何がいけなかったのか、というような原因はとても気になりますし、それが分かったら解決に向かいそうなので良いですよね。残念ながら、原因がよくわからないこともありますし、分かるまで時間がかかることもあります。ですから、原因は少し脇に置いておいて、まずは、どうすることが、今の〇〇さんにとって良いことなのかを一緒に考えましょう＞というようなことをお伝えします。本人は頑張り屋で、頑張れてしまうから、頑張り過ぎてしまって、自分の容量を超えてしまったのかもしれないこと、本人もお母様も、誰も悪くないことを伝えます。まずは、元気になってもらう方法を考えましょうとご提案します。スクールカウンセラーとして関わっている場合には、教室に入れなくても、相談室にこられるなら来てみては？と伝えたり、どうしても学校が嫌だというなら、地域の教育相談センターやその他の専門機関に相談に行くことを勧めたりもしています。学校以外の相談機関やメンタルクリニックの場合には、本人が話に来たいのであれば、是非、一度会って話してみたいこと、その時には話したいことを話せばいいし、学校に行きなさいなんて無理強いもしませんので、とお伝えします。外に出ない期間が長くなると、出たくても出られなくなってしまうことが多いので、筆者は、散歩でも

第1章　子どものケースとアドラー心理学からの学び

買い物でも習い事でも何でも良いから、外に出るきっかけは作ってください、とお願いしています。学校に行っていないと友達と遊んではいけないのでは、と言うまじめな考えをお持ちの保護者も多いですが、友達と遊べるならぜひ遊んでください、お友達はとても重要な助けになりますよ、と筆者は伝えています。友達と遊ぶことは、「共同体感覚」を発揮することにつながると考えるからです。例え、学校に来られなくても、「共同体感覚」につながるようなことが少しでもあればと思っています。

　もし、子ども自身が相談に来てくれるなら、その子は「共同体感覚」を発揮していることになるのだと筆者は考えています。繰り返しになりますが、筆者は、まずはその子どもと信頼関係が築けるように、そして「勇気づける」ことを一番に心がけます。先ほども述べましたが、このような子どもたちは、何らかの訳で、勇気をくじかれています。ですから、たとえ週1回の面談であっても、その中で何かしら勇気づけになるような関わりを心がけています。学校のことを話したがらない子どもから、無理に聞き出そうとはしません。＜ちょっと質問してもいい？　答えるのが嫌なら、嫌って言ってくれればいいからね＞と伝えることもあります。＜もしかして、教室ってよくわからないけど疲たりする？　私が知っている子の中には、そう話してくれる子もいるんだけど……教室ってうるさいなって思うんだって＞というような筆者の問いかけに、自分でも良くわからないながらも、「うん、それ、あるかも、何だか疲れる」などと、今の自分の気持ちや、状態を少しずつ語ってくれる子どももいます。学級担任の先生の話を聞くと、以前は、クラスでほとんど問題なく過ごしていたように感じる子どももいるようです。よくよく振り

返ってみると、自分から積極的に話したり、同級生の輪の中に入っていくことが少なかったり、大人しすぎたり、真面目過ぎる一面が見えてくることもあります。このような様子は、「過剰適応」状態とも言えるかもしれません。学習面でも気になる点が少なく、対人的なトラブルが起きないと、「過剰適応」している良い子は見過ごされてしまうことがあります。「学校に行きたくない」「教室に入りたくない」という言葉が出たり、症状が現れたりして、初めて、その子が何か困っている、ということが分かるのです。

　「学校に行かなくなった」からと言って、不安な要素が学校にだけあるとは限りません。不安というのは、漠然としていますし、そもそも不安を生み出すものが、一つに限ったものではありません。筆者は、臨床現場で子どもや大人の話を聞いているうちに、そして自分の不安も振り返ってみると、不安というのは氷山のようなものではないか、と感じるようになりました。不登校傾向の子どもの場合、表面に出ていて見えている部分が、「学校は何だか嫌だ、不安だ」という不安とそれに伴う行動だと思われます。ただそれだけではなくて、その下の見えていない部分、潜在的な部分に、もっと根源的な不安があるような気がします。「全体論」的に考えると、表面に見えている不安にも、潜在的に隠れている不安にも、全体的に共通したもの＝不安を生み出す元になっている「劣等感」などがあると考えられます（図2参照）。

図2 劣等感、不安について

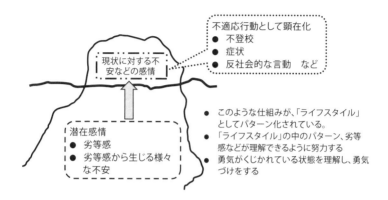

例えば、ある子どもが、同年齢の同級生と比べて、自分は劣っている気がするとか、いつもできる自分という理想に達していないとか、きょうだいに比べて愛されていない、優れていないと感じていたら、そのような「劣等感」によって、様々なことが「不安」に感じるでしょう。自分が苦手だと思っている課題と直面するたびに、自分が失敗できずにこなせるのか、と不安になるのではないかと思われます。始めは、苦手ながらも、必死に努力して課題を何とかこなしていても、やがては努力が追いつかなくなるかもしれません。どこかでうまくいかないことも出てくるでしょう。日頃から自分に自信がなく、勇気がくじかれていたら、一つの失敗でも「自分はもうダメだ」と思ってしまうかもしれません。次の課題もうまくこなせないかもしれない、こなせなかったらどうしよう……と不安が募っていくかもしれません。明日、苦手な科目の試験がある……となった時に、良い点数が取れなかったらどうしよう……と不安がと

ても大きくなっていれば、試験の前にお腹が痛くなるかもしれませんし、「学校に行きたくない」と言い出すかもしれません。表面に現れているものは、苦手な科目の試験に対する不安な気持ちで、お腹が痛いという症状や「学校に行きたくない」という発言などとして顕在化します。でも、表面に見えていない部分では、もっと根本的な「劣等感」（自分が同級生やきょうだいに比べて劣っている感じ、理想の自分に達してない感じ）があるのではないかと推測できます。ですから、根本的にこのような劣等感や不安があるな、と感じたら、表面に現れている部分への勇気づけだけではなく、根本的な部分への勇気づけになるような関わりも大切であると考えます。

「不安」を感じている子どもへの接し方

　先述したような「不安」を感じている子どもたちに、アドラー派の対人援助職としてどのように関わるのが良いのでしょうか？　根本的な「不安」を生み出しているもの、「劣等感」を探って、それを本人に伝えることが望ましいのでしょうか？　子どもやケースにもよるとは思うのですが、筆者は、子どもに対して、このようなことを直接的に伝えるよりは、やはり、勇気づけという形で、それとなく子どもたちに伝えていきたいと思いながら接しています。

　例えば、「劣等感」については、苦手な科目の試験が気になって学校に行きたくないと言い出した子どもと話していて、できのいい兄がいて、兄の存在がプレッシャーで、「兄よりもできない」「兄よりも親から愛されていない」と感じている気持ちが根底にあるなと感じた子どもがいたとします。＜そういうお兄ちゃんがいるって

第1章　子どものケースとアドラー心理学からの学び

どういう気持ちなの？ やっぱり大変？＞とたずねてみたりします。「それは、もう、大変ですよ！」と応じてくれれば、それをきっかけに話すことができます。＜そういう兄がいれば、誰だって嫌だし、やりにくいなと思うよね＞、＜そんな状況で、頑張っていると思うよ＞、＜○○さんには、○○さんの良いところがあると思う＞などと伝えることができます。または、その子が、普段、家ではあまり自分の話を聴いてもらえていないな、と思えば、その子がしたい話を聴くこともできます。このような会話が勇気づけになるかは相手次第なのでよく分かりません。ですが、筆者は、できる限り勇気づけになるような関わりをしたいと思いながら関わっています。

　また、別の例で、いろいろな事が不安で仕方がない子どもがいたら、無理にその不安を消そうとすることはせずに、不安な内容をできるだけ具体的にしようと努めます。具体的になれば、多少なりとも備えることができるからです。「お友達と会うのが不安……」＜そうなんだね……お友達と会うとどんなことが気になっちゃいそうかな？＞「えっと……始めは仲良く遊べても、後から嫌なことを言われたり、仲間外れにされちゃうかも……」＜そうかぁ、そういうことが気になっちゃうのね＞「うん……」＜そういうこと、されたことあるの？＞「いや、無いけど……あったらどうしようって思って」＜そうか、されたことはないけれど、もしあったら、どうしようと思うと、気になっちゃうのね。○○さんは、先のことまでよく考えるのね＞「うん……だってそんなことあったら嫌だし、心配だし」＜そうなのね……まぁ、それだけお友達と仲良くしていきたいってことかな？＞「うん、仲良くしていけたらいいなって。だって、家ではさぁ、お姉ちゃんとかすぐ嫌なこと言うから。悪口とか言わ

35

れなければいいなって思うんだよね」＜〇〇さんのお友達が嫌なこと言わない子で、仲良しでいられたらいいなって思うから、そうではなかったら嫌だなって思うんだよね。そういうことって、気になっちゃうよね。私も気になることあるよ＞筆者は、不安になっても良いこと、不安になってもなんとかなることもたくさんあることを、子どもたちと関わる中で伝えていければ良いな、と思っています。＜〇〇さんのお友達がそんな子じゃないと良いなって思っているけど、もし、お友達とのことで嫌なことがあったら、すぐに、いつでもお話聞かせてね、どうすれば良いか一緒に考えられるからね＞などと伝えます。そのうち、「お友達と遊んだら、楽しかった！」などと報告してくれたら嬉しいなと思いながら見守ることにしています。もし、お友達と楽しそうに遊んでいる姿を見かけたら、＜お友達と楽しく遊べて良かったね＞、と声をかけたいと思います。

　教室や学校が苦手な子どもが、不安がる様子は様々です。学校現場で関わる時には、まずは、苦手な気持ちがあるのに、学校に来たことを本人の頑張りとして捉えるようにしています。送ってきた母親と離れるときに、大泣きする子どももいます。＜頑張ってきたね！＞と言いつつ、母親と離れること、教室に入ることなど本人の様々な不安な気持ち、を受け止めつつ、そのような不安な気持ちを感じるあなたは悪くはない、ダメではないことを伝えつつ、自分から適応的な行動が取れるように、教職員の方々と協力しながら、背中を押すように心がけています（どのようなことが背中を押すことになるのかは、その子のライフスタイルを踏まえた上で、試行錯誤していきます）。母親が帰ったり、教室や学校に入ったりしてしまえば、平気で過ごせる子どももいます。筆者は、不安になっても大丈夫、

第1章　子どものケースとアドラー心理学からの学び

不安になってもそれなりに何とか学校や教室で過ごせたということから、少しずつ子どもが自信を持てるようになれば、それが勇気づけになると思いながら、関わっています。

　子どもによっては、学校以外に居場所を見つける子どももいます。筆者は、学校で居場所が見つけられなくても、その他の場所、例えば地域の適応指導教室、民間のフリースクールなどに居場所を見つけられれば、それはそれで良いのではないかと思います。そのような居場所がすぐに見つからなくても、例えば小6や中3で、進学が控えているのであれば、次の学校でその子どもに適した環境が見つけられるように働きかけることもできます。不登校傾向の支援には、ケースによっては長期的な視点や、発達的な視点が必要になるケースもあるかと思われます。支援する側も、子どもの状態、年齢によってはケースが長期化することを予測し、覚悟することも必要です。

　筆者が関わったことのある子どもたちの中に、学校が苦手だった時期を、ふと振り返って話してくれた子どもが何人かいます。典型的な例として、架空事例でお伝えします。
　「あの時、学校がすごく嫌で仕方なかったなぁ、何でだろう……でも、学校だけが原因ではなかった気がするなぁ……」
　「きょうだいとの問題が解決していたら、私の体調は、きっともっと良くなっていたと思う」
　「全部頑張ろうとし過ぎたから、こう（不登校）なったんだよね！あの時、自分は色んなことを一度に頑張ろうとしすぎたな……」
　「学校では、全部完璧にできなくてはいけない、と思っていまし

た。でもそうできなくなっちゃって、行けなくなってしまった。今は、そうは思わないけどね」

「あの時は、学校でも家でも大変だったなぁ……。学校では無理して明るくしていたけど、忙しすぎて、そうできなくなっちゃったのだと思う。家では、かなり荒れて迷惑かけちゃったなぁ……。今思うと、あの頃は本当にひどかった」

　子どもたちは、学校や教室に行けなかった時を乗り越えた後、自分を、自分のタイミングで、自分なりに振り返るのだと思います。そういう話を聞いた時、筆者は、＜そうかぁ、今はそういう風に思うんだね。その時は、どんな気持ちだったのだろうね……＞、＜きっとその時は、〇〇さんなりに精一杯だったのだと思うよ。あの時大変そうだったもの。今、改めて聞くと、本当にとても大変だったのだね＞、＜そうやって振り返られることって、大切なことだと思うよ＞、＜大人の事情に巻き込まれちゃったって、苦労しちゃった感じもあるよね＞など、その子どもが振り返る内容に応じて、学校や教室に行けなかったことは、決して悪いことではなく、自分が大切なことに気づくために必要なことだったのではないか、それを乗り越えたあなたには力がある、という意味のことを投げかけながら関わるように努めています。子ども自身の当時を振り返った発言や、大人になって子ども時代の当時を振り返っての発言などを聞くと、筆者は、当事者は、そんな風に感じていたのか、そんな体験をしていたのか、と勉強させられることが多々あります。筆者には想像できないことがたくさんあるのです。今後も、彼らが、ふとこのような話をしてくれる時は、ゆっくり、じっくり、でも深刻になり過ぎないように、勇気づけしながら話を聞いていきたと思っています。

第1章　子どものケースとアドラー心理学からの学び

不登校ケースで大切な連携について

　不登校傾向のケースにかかわらず、子どものケースでは、保護者、教職員、その他専門職との連携・協働がとても大切になります。筆者は、複数の現場で仕事をしているので、現場によっては連携しにくいこともあります。連携ができる現場では、子どもがより「共同体感覚」を発揮できるように勇気づけすることを目的に、対人援助職としての筆者が一人でケースを抱え込まないようにしながら、「課題の分離」と自分自身の「共同体感覚」の発揮を心がけます。

　繰り返しになりますが、連携・協働する際には、対人援助職自身の「共同体感覚」の発揮が求められます。問題は、子どもの日常生活の中で起こっているのですから、子どもの日常生活に関わる人と伴に、日常生活で変化が生じるような働きかけをすることが大切です。本人と面談することで本人に勇気づけをすること、本人の「共同体感覚」に働きかけることはもちろんできますが、さらに勇気づけをするには、筆者一人の力では不十分です。

　学校現場や、学校側と連携できる現場であれば、教職員との連携は必須です。学級担任の先生とはうまくいっていたけれど、ちょっとした対人関係のトラブルをきっかけに学校に行きにくくなってしまった子どもが、「担任の先生と話してみたい」と話しているのであれば、その子どもが学級担任の先生と話せるように、保護者や教職員に働きかけます。相談室には保護者となんとか相談に来られる子どもがいたら、相談室に来ている時に、先生や友達が訪ねて来てくれるように、事前に相談をします。もし、教室に徐々に入れるよ

うになっている子どもが、相談室に来ることで、かえって教室に入りにくくなってしまうと思われたら、本人が相談室に行きたいと言わない限り、筆者からはあえて関わらないようにする、ということを事前に学級担任の先生と相談することもあります。

　保護者との連携も大切です。保護者が相談に来てくれるのであれば、これ以上のリソース（問題解決につながる資源）はありません。上野（2013）は、保護者が一番のリソースであることを述べています。先述しましたが、保護者から子どもにどのように接するのが良いのか、と聞かれたら、保護者の大変さにも共感しながら、本人を信じて、こちらからできる限りの働きかけをしたら、後は、暖かく見守りましょう、先生とも協力して一緒に頑張りましょう、というような趣旨のことを伝えます。繰り返しになりますが、学校にどうしても来られないのであれば、本人が他者と定期的に関われる場所とつながれるように、保護者に情報提供をすることもあります。つながった先の機関によっては、対人援助職同士が連携できることもあります。

　学校外の現場で関わる場合には、本人や保護者に、学校で話せる人を探すように促します。学級担任の先生であったり、カウンセラーであったり、養護教員であったり、管理職であったり、学校とつながれる人を見つけられれば、なんとか学校という共同体とつながることができます。残念ながら、すぐに見つからない場合は、せめて筆者が社会との入り口であり続けられるように尽力します。

　不登校に関するケースでは、対人援助職の仕事は、対象の子どもと学校や社会という共同体とをどのようにつなぐのかを考えるために、対人援助職自身の共同体感覚を発揮しながら活動することだと思っています。対象の子どもが、より勇気を持てるように、そして、

より「共同体感覚」を発揮できるように必要だと思われる連携をすることが大切だと思われます。

不登校傾向を示す子どもたちとの関わりから学んでいること

　不登校のケースなどに関わっていて、子どもが本人なりに前を向いて歩き始める時、筆者は、子どもたち自身の中に強さというものを感じています。良い意味で、予想を裏切られることがあり、そんな時は、自分は何もしていないな、とつくづく思うのです。子どもと伴に過ごす時間の中で、困りごとや悩み事に関する話をする他に、子どもの好きな昆虫の話、ゲームの話、アニメの話、アイドルの話など、筆者の知らないことを沢山教えてもらったり、将棋などを教わったり、工作や折り紙などを一緒にやったりする過程で、本人が勇気や「共同体感覚」を持てるように、多少の手伝いはしていると思っています。ですが、それ以上に、子どもは、もともと強さのようなもの、アドラー心理学的に言えば、「勇気」や不器用かもしれないけれども他者と関わる能力である「共同体感覚」を持っていて、周囲が適切に関われば、それらを自ずと発揮できるのだな、と思うのです。対人援助職に必要なことは、それを信じて働きかけ続けることなのだ、と実感しています。

　以前、海外からアドラー派の先生を招いてのセミナーに参加したことがあります。ある参加者が、「なかなか変化をしないケースでカウンセラーは何ができるでしょうか？」と質問をしました。この質問に対して、先生は笑顔で、「ただ、目の前にいる相手を信じること」と回答されました。筆者は、このやり取りを聞いて、自分に

はまだまだ足りないものがあるな、と感じました。これは何もアドラー派に限ったことではないと思いますが、対人援助職は、無条件で相手を信頼することが大切です。アドラー心理学的にいうと、相手の中に、「勇気」が湧き、「共同体感覚」を発揮できることを信じることになります。ケースがうまく動かないと、こちらが諦めたくなってしまうこともあります。しかし、そんな時は、「ただ、目の前にいる相手を信じること」という言葉と、自分なりに前を向いて歩き出した子どもたちの姿を思い浮かべるようにしています。

「勇気」が湧いてきた子どもたちは、自分なりの「共同体感覚」の発揮の仕方をしています。不登校傾向を示す子どもは個性が豊かな子どもが多いです。中には、発達的な偏りがある子どももいるかと思われます。どのように勇気づけるかは、相手の子どもの特性、ライフスタイル次第で、これには関わる側の経験や学習が必要です。それでも、なんだかこちらにできることを一所懸命やっていると、その思いが相手の子どもに伝わることもあるように感じています。そして、そのような子どもたちの頑張っている姿や、関わりの中から、多くのことを学んでいる、子どもと伴に、対人援助職自身も成長していくことを感じています。

本章の内容が、不登校傾向のある子どもに関わる対人援助職の方々、さらには、教職員、保護者の方々などにとって、少しでもお役に立てば幸いに思っております。先述しましたが、アドラー心理学はその基礎、基本があれば、実践の仕方については個人の裁量に任されている面があります。アドラー心理学に興味を持ってくださったなら、是非、勇気を持って、できることや、やってみたいことから実践してくだされば、大変嬉しく思います。

第1章　子どものケースとアドラー心理学からの学び

【文献】

Adler, A.（1970/1930）*The Education of Children*. Gateway.（岸見一郎訳（2014）子どもの教育. アルテ. pp.11-13, p.32, p.98）

Don Dinkmeyer, Jr., Jon Carlson, and Rebecca E, Michel.（2016）*CONSULTATION Creating School-Based Interventions. Fourth Edition*. Routledge.（浅井健史・箕口雅博 訳（2019）学校コンサルテーションの進め方——アドラー心理学に基づく子ども・親・教職員のための支援. 遠見書房）

深沢孝之編著（2015）アドラー心理学によるスクールカウンセリング入門——どうすれば子どもに勇気を与えられるのか. アルテ.

岩井俊憲（2016）感情を整えるアドラーの教え. 大和書房. pp.94-99.

梶野真（2017）アドラー心理学におけるセーフガード（Safeguard）（山口麻美編著 アドラー臨床心理学入門——カウンセリング編. アルテ. pp.151-171）

Leo Kanner, M.D.（1957）*Child Psychiatry. Third Edition. second printing*. Charles C Thomas Publisher.（黒丸正四郎・牧田清志 共訳（1974）児童精神医学. 医学書院. pp.151-156）

鈴木義也（2015）アドラーの臨床知（鈴木義也・八巻秀・深沢孝之 アドラー臨床心理学入門. アルテ. pp.13-29）

鈴木義也・八巻秀・深沢孝之（2015）アドラー臨床心理学入門. アルテ.

上野綾子（2013）リソースを見つけ出して活用しよう——保護者や関係機関などとの連携（村瀬嘉代子監修 東京学校臨床心理研究会編 学校が求めるスクールカウンセラー——アセスメントとコンサルテーションを中心に. 遠見書房. pp.146-153）

第2章　元教育相談員、小学校教師が取り組む
　　　アドラー心理学に基づく不登校支援

佐藤　丈

はじめに

　（この章では、不登校に悩む子どもたちとその保護者のケースに、私が教育センターの相談員として、また、小学校の教員としてどのようにかかわったかについて紹介したい。ただし、それぞれのケースについては個人が特定できない形に改変を加えてある）

　日本の子どもは学校に行く。憲法で教育を受ける権利がすべての国民に保証されているからだ。普通は学校に行くことで勉強はもちろん、友人関係を通して、生きていく上での基礎的な事柄を学ぶことができる。しかし「なぜ学校に行かなければいけないの？」「なぜ勉強しなければいけないの？」と問う子どもたちがいる。学校に行くことが当たり前だと考えている私たち大人はその問いに明確に答えられず途方に暮れる。
　多くの不登校の状態にある子どもたちに出会ってきた。子どもの不登校に苦悩する親たちにもたくさん出会ってきた。教育センターで相談員をしていたころは、子どもよりもむしろ親の話を聞くことが多かった。
　何とか子どもを学校に行かせようと、泣き叫ぶ子どもを車に引きずり込み、必死の思いで学校に連れていく親。「どうしてここまで

して、学校に連れて行かなければいけないんでしょうか」と涙ながらに訴えられた。「お母さん、何とか学校までは連れてきてください。学校に来さえすれば後は私たちがしますから」と教師に言われ、それに応えようと必死だったという。

「あの子を抱いて、あの橋から飛降りようと思った……」相談室のソファに背筋を伸ばして、浅く座る母親の左手のひとさし指にはゴムがまかれ、右手でギリギリと締め上げられていた。やり場のない怒りが自分と我が子に向かい、どうしようもなく追い込まれていた。明治以来の学校という制度に追い込まれ、実行しないまでも死すら考える。如何に人間が不完全であるか。母親がではない。私たちすべての人間が不完全なのである。

「人間って、おもしろいよねぇ、死んじゃうのに、いろいろなことをする」相談に来た小学生がプレイセラピーの最中にふと語った。なぜ学校に行くのか、なぜ生きるのか、を問われている。どう答えたらよいのだろう。

不登校についての筆者の基本的な考え方
——なぜ学校に行くのか

子どもはなぜ学校に行くのだろう。結論から述べよう。人は一人では生きられない不完全な存在だからである。この完全さという点において、人間は他のどの生物からも劣っている。人間以外のすべての生物は、自然あるいは宇宙のシステムと一体であり、常に完全である。その時その時の最善手しか打たない。しかし、人間は必ず、いつも間違える。その代わりに自分の意志で、自分の足で歩くとい

う主体性を手にした。

　人間は不完全であるゆえに、一人では生きていけない。人と人とはつながらなければ生きられないのである。そのつながるための道具が「言葉」である。人間はその劣等性を補償するために言葉を生み出した。言葉は情報や感情を他者と共有する道具だ。どこにどのような獲物がいて、どのような危険があるのかを伝え合う言語はもちろん言葉であるし、数も言葉である。お互いの感情を伝え合い、よりつながりを強めるための音やリズム、体の動きや色、形を使った表現もすべて言葉である。

　このように、さまざまな言葉を生み出し、人間は不完全であるという劣等性を過補償し、今やあらゆる生物の王であるかのようにふるまっている。

　その補償を加速させたのが、学校というシステムである。

ライフスタイルと不登校

　遅くとも10歳ごろまでに、私たちは「生き方の癖、パターン」を確立する。これをアドラー心理学では「ライフスタイル」と呼ぶ。

　私たちはだれ一人として同じではない。背の高い低いから始まり、それぞれの体の部位や器官の健康度や脳の発達の傾向など、その個人における違いもあれば、経済的な豊かさや親の養育態度、幼稚園や保育園、小学校低学年の友達や先生などの外部の環境もさまざまである。これらの複雑な関数により、一人一人ユニークなライフスタイルが出来上がっていく。このライフスタイルは、普段平常時においてはあまり目立つことはないが、何か特別な状況になった

時、その人らしさとして発揮され、問題に対処しようとする。この ライフスタイルを、その個人が自分をどうとらえているか（自己像）、 その個人がどのような自分になりたい、どのような自分でありたい と考えているか（自己理想）、その個人が世界をどうとらえている のか（世界像）の三つの軸を用いて分析的に理解し、カウンセリン グや教育の場で活かすのがアドラー派のカウンセラーや教育者の もっとも特徴的な面である。

　例えば自分を「そこそこ健康で、努力家、働き者である」ととらえ、 「何事にも努力すべきである」と自分の理想をもち、「世の中の人々 は大体協力的である」という世界像をもっていたとすれば、その人 の堅実で周囲ともうまくやっていこうとする安定感のある人柄を読 み取れるだろうし、実際に危機的な状況になった時、頑張りすぎが 少し心配ではあるが、自分の努力と周囲の協力で乗り越えようとす るであろう。反対に「私は弱く、怠け者である」（自己像）、「周囲 のものは私を助けるべきである」（自己理想）、「世の中は私には手 に負えず、人々は抜け目ない」（世界像）というライフスタイルをもっ ていれば、自分の弱さを武器に、周囲のものの手を煩わせ、なおか つ周囲の人との関りは、打算的であるかもしれない。

　こういったライフスタイルは、基本的には生涯変わることはない。 しかし、そのようなライフスタイルをどのように使うかによって、 人生は全く変わったものになる可能性があるのである。先にあげた、 後者の例はネガティブな印象であろう。しかし、弱い自分と世の中 の厳しさの自覚は、同じように怯え、周囲に依存するものへの共感 的な理解を生むかもしれない。また「助けるべき」と周囲に求めた 分、同じように助けを求めるものを「助ける」存在になろうと決め

ることもできるのである。

　さて、このようなライフスタイルは、学校という社会にどう参加し、どうかかわるかという態度に非常に大きな影響を及ぼすことは容易に想像がつくであろう。実際に子どもたちの日常の様子を観察すれば、その子どものできつつあるライフスタイルは大体見当がつく。将来の夢がお菓子屋であるのか、サッカー選手であるのか、社長であるのか、ユーチューバーであるのかによっても、ライフスタイルを査定することができる。ましてや、不登校である子どものライフスタイルが、上記の二つの例の前者でとは考えにくい。ネガティブな自己像と世界像、高すぎる、あるいは依存的な自己理想をもっているのではないかと考えてよさそうである。ライフスタイルの視点をもって、不登校の問題をみることは重要であり、有効である。

環境に敏感な子ども——発達障害と不登校

　近年、「発達障害」といわれる子どもたちが集団不適応を起こし、不登校になるケースが急増した。私が相談室にいたころとちょうど時期も重なっていたが、今では発達の問題が絡まないケースの方が少ないようになった。ここからは、この問題を中心に考えていきたいと思う。

　学校という刺激の非常に多い環境（音、光、におい、予測できない周囲の動き……）に過敏に反応し、授業中に立ち歩いたり、走り回ったり、寝転んだり、教室の隅でうずくまったり、壁に落書きをしたり、友人に乱暴を働いたりする子どもたちがいる。学校の入り

口で立ち止まり、母親にしがみついている子どもたちがいる。いつも友達と競争し、「負け」が認められず、ドッヂボールの敗戦をいつまでも引きずっていたり、百マス計算で友達に後れを取った日から朝学習の時間に校内を徘徊するようになったりした子どももいる。「負け」あるいは「順位」に「負けず嫌い」の範囲を超えて過敏なのである。

　いよいよ、学校に行かないと決めた子どももいる（本人も周囲も「行けない」と思っているが）。「家」は少なくともその子どもにとっては安全基地であるようだ。その子どもの苦手な刺激に対する拒否的な態度から、徐々にそれらが減らされてきたのかもしれないし、同じ苦手さを持つ親がいて、最初からそのような刺激は家庭では避けられているのかもしれない。例えば、コマーシャルの時に急激に大きくなるテレビの音量に「びっくり」するので、音量を非常に小さく下げている家庭がある。

　「家」あるいは「部屋」は苦手な刺激をシャットアウトしてくれるのと同時に、自分の嗜好も満たしてくれる。朝から10時間近く、あるいはそれ以上、コンピューター上でブロックを積み上げては崩し、広大な自分だけの世界を創り上げている子どもがいる。毎日定時に（たいていは夜10時ごろ）集合し、市街戦や野外戦を仲間とともに繰り広げ、助け合い、協力しながら敵を打ち倒して朝を迎える子どももいる。

　「発達障害は増えたのでしょうか？」その問いに対して、アドラー派の精神科医、坂本玲子氏（山梨県立大学）は「数は変わりません。社会化される機会を失っているのです」そうこたえた。

第2章　アドラー心理学に基づく不登校支援

　家族や社会とのつながりの中で生きることが絶対であった時代は、どの子どもも有無を言わさず、家族の中で、近所の子ども集団の中で、もまれて社会化せざるを得なかった。しかしこれほど社会化される必然性が希薄な時代はいまだかつてない。一人で、しかも快適に生きられる方向に社会が変化してきた。

　社会化というストレスを伴う日常的な訓練、例えば近所の人に会ったら「あいさつなさい」という当たり前の「しつけ」ですらあまり熱心に行われなくなってきた。

　山登りをすればわかるだろう。山の中では会う人会う人にあいさつをする。しかしひとたび下山し、バス停につけば、とたんにあいさつなどしなくなる。駅についてまで、見知らぬ人に挨拶をすれば変人である。山の中はある程度の危険を伴う。いざとなったら出会ったあの人は助けに来てくれるかもしれないし、あの人が帰らないと下山後に聞けば、あの人にあいさつした場所を捜索隊に知らせるだろう。人は一人では生きていけないという実感があるときには、挨拶をするのである。つながろうとするのである。あいさつすら、役割を終えようとしているのか？

　つながることについて訓練を受けてこない発達の課題をもつ子どもが、さらに同じように訓練を受けてこない子どもたちの中で、うまくかかわれるわけがない。周りの子どもも、ちょっと変わったその子とどうかかわったらよいのかがわからず、かえって過度に刺激し、問題をさらに増大させてしまう。そして先にあげた不登校の状態になり、ますます社会化の機会を失っていくのである。

　それではどのように、発達障害を背景に持つ子どもの不登校に取

り組めばよいだろう。何よりも大切なのは、カウンセリングマインドであると筆者は考える。たとえ、専門家である「スクールカウンセラー」が各校に配置されていたとしても、このマインドを、専門家だけに任せてしまっては問題の解決にはならない。また、教師こそ、子どもと最も多くの時間を過ごす、子どもの心の専門家であるという自負を持つと同時にスクールカウンセラーなどから常に学ぶ姿勢を持つべきであると考える。特に「共感性」については、教師も、保護者も、日々磨かなければならないし、子どもたちにも育てていく必要がある。もしかしたら、そう遠くはない以前であれば、それは社会の中で、大部分の健康な家庭の中で、自然と育っていったものなのかもしれない。しかし、先に述べたように、その機会は極端に少なくなっている。

　アルフレッド・アドラーは共感を「相手の目で見、相手の耳で聞き、相手の心で感じる」と定義した。「すべての問題は人間関係の問題である」とも言ったアドラーだからこそ、解釈ではなく、共感を相談の中心に真っ先に据えたのだろう。

　環境への過敏さゆえに、閉じこもったり暴れたりしている子どもたちに対し、その行動を批判、叱責しても始まらない。まずは一番身近で、かかわれるものが、子どもの苦戦に共感する必要がある。その子どもの視点で見た時に何がどのように困難であるのか。その子どもは自分をどう見（自己像）、どうありたいと思い（自己理想）、世界をどう感じているのか（世界像）を明らかにしていきたい。また、子どもに共感することと同時に、保護者への共感も忘れてはならない。そして、子ども、親、それぞれを勇気づけるというよりも、親子の関係を勇気づける。家族を丸ごと勇気づけていく態度が必要だ。

第2章　アドラー心理学に基づく不登校支援

一番にこだわる子ども（学校で出会った子ども）

　毎朝学校に行き渋る我が子を叱ったり励ましたり、なだめたりしながら、何とか学校に連れてくる保護者は少なくない。小学校に入学して数か月たち、登校を時々渋るようになったＡ君もその一人であった。Ａ君の担任に相談を受け、Ａ君の様子を教室で観察してみると、明らかに他の子どもと違う様子が見て取れた。特にＡ君は視覚的な刺激に対して敏感であり、目につく、特に面白そうなものに衝動的に引き寄せられていく。そのために何をするにつけても、人よりも後れを取ってしまい、そのことでイライラする様子がみられた。イライラは友達や物に向かい、友達をたたいてしまったり、教室のものを投げ散らかしたりしていた。そのたびに担任に叱られたり、友達から批判されたりして、自己肯定感が失われていった。行き渋りは激しさを増し、母親も行かせることをあきらめる日が多くなった。

　私はこれらのＡの様子から、Ａ君は自分を「いつも友達から後れを取る」という自己像をもち、自分は「一番にならなければならない」という自己理想をもっている。そして「みんなは自分よりも早く、自分をおいていってしまう」という世界像をもっていると考えた。そこで私はＡ君の担任とこんな会話をした。

　「あの子は、どうもほかの子どもに朝から乗り遅れてしまっているな。一番でないと気が済まないくせに、学校に来るのが遅いんだ。スタートからいらいらしちゃうんだよ。もっと早くに来られるように、お母さん頑張ってくれないかなぁ」

　「ちょっと、佐藤先生、母親的にはいっぱいいっぱいなんだと思

53

いますよ。なかなか支度が進まないＡ君にはっぱをかけ、何とか嫌がるのなだめて、ようやく学校に連れてきているんだから、それを言ったらお母さんの努力、浮かばれませんよ」

「これはこれは僕としたことが、お母さんを責めちゃいましたね。お母さんの朝の頑張りを見落としちゃいました。それに学校に来るのはＡ君の課題だし、イライラする気持ちもＡ君の課題。ちゃんと分けなきゃな。『いつも連れてきてくださってありがとうございます』とか言っちゃってるけど、自己一致していないっていうのかな？反省です」

　私はＡ君に訊くべきである。「もしかしたら、君が来た時にみんながもう朝の支度とか終わっちゃっていてイライラしたりしない？」もしもＡ君に「その通り」あるいは「そうかも」と思い当たる節があるのであれば「ちょっと、今度一番に来てみない？」と提案してみる。「一番に来るために、先生やお母さんに手伝うことはあるかな？」と訊き、「お母さんにもっと早く送ってきてほしい」とあれば「じゃあ、お母さんに頼んでみるといいね」と行動を促してもよいだろう。「一番に送って行って」と本人に頼まれた母親は相当頑張るだろう。一番に行ってみても、学校に対する印象はあまり変わらないのかもしれないが、「行きたくない⇔行きなさい」の親子の対立関係が、「一番に学校に行く」という目標を共有するという協力関係に変化することは、革命的といっていい。朝、この親子を迎えるとき「お母さんもＡ君も頑張りましたね。ありがとうございます」と二人をねぎらい勇気づけることができる。

　しかし、そうやすやすと、一番に学校に来ることはできなかった。朝の支度一つとっても、いろいろなことに気が散り、寄り道するＡ

第2章　アドラー心理学に基づく不登校支援

は、母親の目には一番に学校に行きたいと思っているようには見えなかった。そして、結局後れを取ると思うや、頑として学校に「行かない」と決めてしまうのである。「『行けない』んじゃないんですね『行かない』んですね」と母親がつぶやいた。私が「そうそう、行かないと決められるのだから、来るときは、行くと自分で決めてきているんですよね。そこは、しっかり認めてあげたいです」と答えると、母親も納得した様子であった。しかし「一番に学校に行けるようにするんでしょ！」などの声掛けは、できないＡ君を際立たせてしまうので、「一番」をＮＧワードとした。しかし一方でＡ君が一番になれるサポートは何かを考えた。例えば家庭ではいつも支度するときに引っかかる「面白いもの」を片付け、目につかないようにした。

　学校でもＡ君が一番になるための支援を考えた。視覚的な刺激をできるだけ減らすような配慮をしたうえで、Ａ君の努力も引き出せるようにと、朝はさておき、帰りの支度を昼休みから５時間目の初めを使ってしてもよいことに担任と相談して決めた。それはＡ君が自分から帰りの支度を５時間目にいきなり始めたことがあったからである。理由を聞くとやはり「いつも一番遅くなるから、一番になりたい」であった。昼休みは遊びたいので結局５時間目の頭が帰りの支度に使われることになったが、Ａ君自身が考え、行動した「こだわり」を活かすことを第一に考えた。Ａ君の主体性を大事にした関わりはＡ君の努力を引き出した。かなりの時間を費やしていた支度も、みるみる短時間になっていった。

　担任だけでなく、ほかの教師もＡ君にポジティブな関りを心掛けるようにした。私は担任を含めＡ君に関りの多い教師５名でこの

ケースに関する支援会議を行った。その中で特にA君のリソース探しを時間をかけて行った。「金曜日に月曜日のことを『しあさって』と言った。賢いと思った」「教室の掲示をコッソリと貼り替えていた。自分なりのこだわりがあるようだ」「朝顔の水やりは必ずする。休みの子の分をやってあげているときがあった」「いつも〇〇ちゃんに優しい」「〇〇先生のこと好きみたいですよ、〇〇先生は？って、いつも聞いてきますから」等、付箋にたくさん書いていった。そしてそれを母親に見せた。

　劇的に改善したとは言えないまでも、休みは徐々に減っていった。母親は「『行かない』と決めた本人の意思も大切にしたいと思いました。いつも、Aが決めたんだね。わかった。ということにしています」と話してくれた。「一番に学校に来る」という提案から、登校しぶりが軽減したケースを紹介した。「一番」にこだわり、そうなれないのならやらないほうがまし、と考える子どもは意外と多い。学校に最も行きたがらない子どもが、最も早く行きたいのである。

ピタリと学校に来なくなった子ども（教育センターの相談室でかかわった子ども）

　行ったり行かなかったり、いわゆる「登校しぶり」がなく、ある時から決意したかのように学校に来なくなる子どもがいる。突然の不登校に担任は「何がいけなかったのだ」といろいろと思いめぐらせるのだが、今まで「何の問題もなく」学校で過ごすその子どもの姿しか思い浮かばない。しかし保護者に聞くと、学校での様子と家での様子は全く異なり、毎朝行き渋り、学校から帰っては学校の文句を言い、なだめて学校に行かせるのが精いっぱいであったという。

第 2 章　アドラー心理学に基づく不登校支援

　B君もやはりそうであった。集会の時のたくさんの人。学校の騒がしさ。担任の柔軟過ぎる予定変更。給食の時間に食べ物のにおいとほかのもののにおいが混じること。掃除の時間、みんながまじめにやらないこと。まじめにやらないこと以上に担任がしかる声。嫌なことを毎日母親は聞かされてきた。しかしBは頑張った。勉強もよくできたので、ほめられることも多く、それを頼りにやってきた。しかし、小学校3年生が後1か月で終わるという2月の中旬。母親がいくら呼びかけても部屋から出てこようとはしなかった。

　母親から不登校の理由を聞き担任は「もっと早くに言ってくれたら、何とか対応したのに」とは言ってみたものの、予定の変更はともかく、騒がしさ（といっても極端に騒がしいわけではない）や給食の時間のにおい、叱らなければならないときにはやはり厳しい口調になる。B君に合わせることはとても無理だと感じた。

　B君は引きこもりの状態になった。家では朝から晩までパソコンに向かい、ブロックを積んでは崩す遊びをしていた。しかしその遊びは、すぐに遊びの範疇を超え、画面をのぞき込むと、とても小学生が作ったとは思えない複雑な建造物とそれを取り巻く壮大な世界が広がっていた。

　B君のライフスタイルを考えよう。自己像は「私は敏感である」であり、自己理想は「刺激の少ない場所に身を置くべきである」、そして、世界像は「世界はやかましく混とんとしている」であると考えた。自己も世界も動かしがたい難しさをもっていた。

　B君は進級し、担任が変わっても、小学校を卒業するまで、一時期びっくりするほど普通に学校に通ったことが数か月続いたことがあったが、後は、ほとんど学校には行かなかった。しかし、相談室

に来て、カウンセリングとプレイセラピーを受けることは続け、母親も時には父親も来所して相談を続けた。そこで大切にしたことは、①学校とのつながりを持ち続ける、②Ｂ君の興味・関心に関心をもつ、③学校に行っていないからといって、家族はそれによって傷ついたり落ち込んだりしない。また、学校に行かないことは「悪」ではない、との意識をもつ、の３点である。

①学校とのつながりを持ち続ける
　これは、私が相談員として特に強調したことである。学校側にはＢ君は学校の敷地には来ていないが、Ｂ小学校の児童であるという意識をもってもらえるようにお願いし、通知などを何らかの形で届け、特に学年だより等で、今何を学校でしているのかが伝わるようにし続けてもらった。Ｂ君が家庭で取り組んだドリルなどは担任に丸をつけてもらったり、一言メッセージを書き添えてもらったりもした。また、図工や書写など、家でできた作品は教室にほかの子どもと同じように掲示してもらった。家庭には、できる勉強はさせるようにすることと、できれば担任に課題を出してもらい、それを家で取り組むようにすすめた。学校行事についてはＢ君の運動会、Ｂ君の修学旅行、Ｂ君の卒業式、というように、学校に合わせるのではなく、Ｂ君ができる形で経験するようにした。例えば、運動会の様子を遠くから眺める。Ｂ君なりの修学旅行の計画を立て、できたら家族で行ってみる。学校のスキー教室と同日に、親子でスキーに行ってみる。「家で、お母さんから卒業証書をもらう」「家の玄関で、担任の先生から卒業証書をもらう」「学校で別の日に体育館で卒業証書をもらう」「校長室で卒業証書をもらう」など様々なバリエー

ションを考え、できる卒業式を行う、などを考えた。B君の行事は、だんだん家族で考えることが楽しくなっていったそうである。特にスキーは、同じスキー場に行き、違うゲレンデで滑り、そこで担任に会い談笑することもできた。

②B君の興味・関心に関心をもつ
「相手の関心に関心を持つ」これは子どもを勇気づけ、よい関係を築くためには欠かすことのできない心構えである。それも、うわべの関心ではすぐに見抜かれてしまう。B君の場合はコンピュータゲームである。今では「ゲーム依存症」とされ、れっきとした治療の対象とみなされるようになった。当時も、すでにゲームの危険性は指摘されており、私は「ゲームがない時代だと思い、禁止してしまった方が良いのではないか」などと考えたこともあり、「B君の生活があまりにも乱れるようであれば、医療にかかることも考えてみては」と勧めた。しかし、母親と父親で相談し、「Bはゲームで創造性を養い、達成感を味わっている。ネット上で、作品のやり取りをすることで、コミュニケーションもとるようになってきた。認めてやりたいし、それを取り上げることはとてもできない」と腹をくくったと話してくれた。私もこのご両親に倣い、B君のゲームの世界を認め、受け入れることにした。

③学校に行っていないことで、家族は傷ついたり落ち込んだりしない
「本当は目の前が真っ暗になって、どうしたらいいのか本当に途方に暮れることがあります」と母親は打ち明けたが、しかし、B君と相談室に来所するときはいつも笑顔で、二人とも楽しげであった。

父親が一緒に来所するときはさらに3人とも冗談をよく言い合い、カウンセリングやプレイセラピーというよりも、近所のうちに家族で遊びに来ているような感じであった。学校がない国であれば、全く幸せな家族であるようだった。

　以上のような方針を貫くことで、B君の「よさ」が最も大切にされた。B君のよさが、学校に行かないということだけで、全部帳消しになってしまわないように、不登校とB君の成長は別であると分けたことにより、B君は自己否定に陥ることが多少なりとも避けられた。
　「B君の卒業式」は校長室で行われたそうである。そして、私が相談室を去った年の4月にB中学校に進学し、何の問題もなく登校し、中学校生活を送っていると聞いた。

不安感の高い子ども（教育センターの相談室でかかわった子ども）
　不安は未来に起こるかもしれない出来事に対して、備えるためのアラームとして働く。例えば、老後の不安に備えて貯蓄するのもそうだし、明日行われる国語の音読テストに備えて練習するのもそうであろう。不安というアラームが鳴る前に物事に対処できれば精神衛生上よいのだが、あえてアラームがなる状況を作り、自分自身に「危機感」をあおり、それを物事に取り組むエネルギーとして使うものもいる。逆に、このアラームに敏感すぎることによって、不安に翻弄されるものもいる。
　C子さんは「先生が怖い」と訴え、不登校になった。相談には母親だけが来所し、担任に対する不信感をあげつらった。「非常に大きな声で怒鳴り、ヒステリックに叱る」「子供からものを受け取る

ときにひったくる」「黒板をバンバン叩きながら教え、子供たちはみんな恐怖におびえている」1時間聞いていると、さすがにこちらも担任に対して不信感がわいてくる。このままでいくと、担任が替わらなければ再登校はあり得ない、と思うようにさえなってきた。まだ1学期、先は長い。

　「担任の先生が怖いのならば、担任の先生に会わなければ学校に行けるのだろうか」そう母親に聞くと、早速次の週「そうだ」との返答がC子からあったと母親から報告があった。「そうなんです。S先生にさえ会わなければいいんです。あの子は」「毎晩夜寝る前になると『S先生に叱られる』と未だに訴えるんです。あの子は音読が苦手で、特に文の終わりの方、自分なりに理解したように読むんですよね。そこをS先生は結構こだわるようで、何度も読み返させられて、結局何が何だかわかんなくなっちゃったみたいなんです。こういうのってトラウマですよね。それから音読だけじゃなくって、不安がどんどん大きくなっちゃって……なだめるのが大変です」そのとき私は、C子さんが怖いのは先生ではなく、音読ではないかと考えた。

　不安は確かに、アラームとして機能するが、C子さんの場合は「音読」という困難を避けるために不安を使ったと考えることができる。結果として、その不安をコントロールする事ができず、不安感が大きく膨らんでいったのではないだろうか、と考えた。

　C子さんが文末を自分なりに変えて読んでしまうというのは、文頭はまだ目で追うことができても、途中でそれについて行けず、文末は適当に読んで済ませ、なんとかみんなにあわせて読んでいたのではないか。

「Ｓ先生は４月の家庭訪問の時に『Ｃ子さんは音読が苦手だから、音読の宿題がないときも、毎日家でやらせてください』とおっしゃって、それで私も頑張ってやらせたんです。確かに苦手なんですけど、なかなかすらすらは読めない。何度もやれば読むのではなく、覚えちゃって、読むことはできるようになるんですけど、とても大変で……」

教師はとかく「苦手をなくす」事に重点を置く。苦手の克服。子供は達成感に歓喜する。その瞬間まさに教師冥利に尽きる。しかし、その追求が子供を追い込むことになる。

「Ｓ先生に音読の件で提案したいことがあるのですが、連絡を取らせてもらっていいですかね。私にはＣ子さんが怖いと言っているのが、先生ではなく、音読だと思えてならないんです。Ｃ子さんの音読、今は家では？」「嫌がるんですけど、なんとか続けています。学校に行っていない分頑張らないと」「それを、Ｃ子さんが読むのではなく、お母さんが読んで、Ｃ子さんは聞くというようにしてもらいたいのです。頑張れば頑張るほど、音読が、先生が、学校が、怖くなってしまう……。それから、Ｓ先生に会わなければ学校に行けるのであれば、短時間だけ、図書室などに行ってみるというのはどうかと思うのです。もちろん本人がＮＯならばしなくてよいのですが」

母親の了承を得て、Ｓ先生と連絡を取った。「怖い」と言われていたＳ先生であったが、音読について「あと少しで、間違えずに読めそうだったので、繰り返し読ませてしまいました。でも、読めたときは本人もとてもうれしそうにしていましたし、『私もよく頑張ったね、やればできるね』とほめたんです。周りのお友達のなかにも、

第 2 章　アドラー心理学に基づく不登校支援

『C子ちゃんすごい』と言ってくれる子もいたんですよ」と率直に話してくれた。そこに「怖さ」は感じられなかった。そこで、読みの苦手さを克服することも大事だが、それをいったん棚上げにして、友達や先生、母親の読むのをよく聞いて、内容を理解する方を優先してほしいと提案すると、すんなりと受け入れてくれた。また、短時間学校に行くがしばらくは顔を合わせないような配慮をしてほしいと依頼するのはなかなか言いづらいものがあったが、その点についてもよく分かっているので大丈夫だと理解してくれた。「先生が怖いというより、音読が怖いのだ」と念を押した。

　S先生が音読の件も、学校で顔を合わさない件も理解してくれたことについて母親に話すと、「C子ちゃん、音読しないでいいって、お母さんが読めばいいってって言ったら、本当にホッとした顔をして、私が読むのを一生懸命聞いてくれました。あの子は聞く分にはいいみたいです。スイミーのお話もとてもよく分かっているみたいでした。先生もよく分かってくれたみたいでよかったです。うちの子が怖がりすぎてたのかもしれないですね」

　その後、短時間の登校をはじめた。図書室で母親と 3 時間目だけ過ごし、帰って行くことを繰り返した。学校に行くか行かないか、学校にどれくらいいるか、などは全部C子が決めた。「立てば歩めで、どうしても調子のいいときはもう少し学校にいたらと勧めたくなりますが、それはぐっとこらえてください。本人がもう少しいたい、と言ったら、では何時までいることにするかと話し合ってください。また、決めた時間より早く帰ると言ったときも、きっぱりと帰るようにしてください。約束したじゃない、は禁句です。約束で学校に行くわけではありません。行きたい、までいかなくても、行ってみ

ようかなぐらいに思ったから行くのです。自分で決めたのです」

ブレーキの効きの悪い車に乗る恐ろしさは、誰でも理解できるだろう。ブレーキが効くからこそ、アクセルが踏めるのである。「アドラー心理学の基礎理論の1つに『主体論』がある」と八巻は論文（『＜ブリーフ＞はどこから来たのか、そして、どこへ向かうのか：＜ブリーフ＞の臨床思想の試案』2017）で述べている。人は自分の行動を自分で意識的、無意識的に決定している、というのがアドラー心理学の主体論であるが、それが侵されるとき、つまり、アクセルやブレーキやハンドルを他者に奪われたとき、私たちの選択は車から飛び降りるしかなくなる。

C子さんが学校に復帰するまではその後半年を要したが、S先生はLD（学習障害）についてもよく勉強してくれ、音読棒（スリットの入ったしおり状のカードで、読む行だけが見えるようにする）を作って、誰でもいつでも使えるようにし、教室に用意しておいたり、音読のテストは九九の練習をさせながら、個別に、別室でおこなったりした。このような配慮がC子さんの世界像と自己像に変化をもたらしたことは間違いない。C子さんの文末を変えて読むことはなくならなかったが、音読棒を自分から取りに行き、積極的に使っていたそうである（母親と本人に、LDである、あるいはその可能性があるということについては一切話さなかった）。

おわりに

アドラーは心の健康のバロメーターとして共同体感覚をあげた。私は便宜上、共同体感覚を「所属感」「貢献感」「信頼感」「自己受容」

に分けて考えるようにしている。日常的に、子どもとのかかわりがそれらを育てているか、反対に「疎外感」「無力感」「不信感」「自己否定」を生み出すかかわりになっていないか、を振り返るようにしている。

　子どもは学校に行っていようといまいと、勇気づけが必要だし、共同体感覚を育てていくことこそが「教育」であると考える。敷地内の狭義の学校ではなく、家庭や地域を含めた広義の学校（コミュニティ）の中で、様々な個性とそれに基づくライフスタイルをもった子どもに、共同体感覚をはぐくむ「教育」がなされることが、私の考える理想である。

【文献】

八巻秀（2017）＜ブリーフ＞はどこから来たのか、そして、どこへ向かうのか――＜ブリーフ＞の臨床思想の試案.「ブリーフサイコセラピー研究」第26巻1号 pp.7-20.

第3章　元不登校児へのインタビューⅠ
不登校していたときに考えていたこと、
そして親や教師にしてもらいたかったこと

三輪　克子

はじめに

　三輪さんは中部地方でアドラー心理学の普及に尽力しておられる方です。元教員で、今はアドラー心理学の講座やカウンセリングを行っています。今回執筆をお願いしたところ、2つの事例を提供してくれました。不登校を巡る子どもと親の葛藤やすれ違い、そして回復に至る親子それぞれのストーリーがとても興味深く語られています。本章と次章に分けて報告します（編者）

元不登校児へのインタビュー

　不登校への理解が深まるにつれ、無理に学校に行かせるような親の姿勢は減ってきた。とはいえ、親や教師の一番の悩みは「不登校している」当人が何を考えているのかわからないということだろう。今回「不登校」をテーマに執筆を依頼されたとき、以前、母親からカウンセリングを依頼され、その後数年を経て、「不登校」が解消された子どもたちに、「不登校していたときに何を考えていたのか」「何がきっかけとなってもう一度学校に戻ったのか」「今、不登校している子どもの親たちに伝えたいこと」の3点を聞いて

みたくなった。

　元不登校の2人がインタビューに応じてくれた。2人はその内容が本になって出版されることを了解したうえで、その時に何を考え、感じていたのか話してくれた。それはその当時、親や教師が考えていたこととはずいぶん違っていた。2人の話が今なお「不登校」の子どもを持つ、親や教師の参考になればと考える。

4年ぶりの再会
「こんにちは。お久しぶり。いやあ。大きくなったね。たくましくなったし！」思わず声をあげた。彼とは、4年ぶりの再会だった。当時15歳　中学3年の彼は不登校児だった。しかし学校の定期試験だけは受けていた。国語の文法を教えてほしいと頼まれ、元国語教師の私は喜んで彼に古典の文法を教えていたのだが、それ以来の再会である。

　今は19歳、ある地元の専門学校に進学していた。不登校をしていた当時の話が聞きたくて、自宅近くで会うことにしたのだ。

　彼はすすんで来てくれた。背も大きくなり、何より雰囲気が大人っぽい。19歳とは思えない、落ち着いた大人びた雰囲気を醸し出していた。

　「今はどうしているの？」と聞くと、嬉しそうに今の学校生活について話してくれた。

　実は、小学校時代から不登校が始まり、高校1年のときを除けば、ほぼ不登校の彼だったが、今年その専門学校に入学してからは、彼と会った11月半ばまでで1日遅刻しただけで、欠席はゼロだという。

第3章　元不登校児へのインタビューⅠ

自宅から通える距離だが、彼は自分からすすんで、寮生活を選択した。寮での生活は楽しいという。学校の仲間とも楽しく過ごしているようだ。

「今度の学校はどうして続いているの？」と単刀直入に聞いてみた。すると彼の答えはこうだった。

「サボるとお金かかるんです。入るだけでもお金かかっているのに、これ以上親に負担かけたら悪いと思って……」という。

彼の進学した専門学校は、入ってしまえばあとは遊んでいても卒業できるというような楽な学校ではない。出席日数が足りなければ、試験が受けられない。追試があるが、それは有料で1教科3千円。決して安くない値段だ。そして2年時で必要な資格が取得できなければ、3年に進級できない。彼は4年生まで進むコースを選んでいる。他にも、さまざまなルールがあり、やる気がなければ落とされるだけなのである。

さらに彼の話によれば、今の学校では実習が多く、しかも一日中ぶっ通しでやることが多い。遅刻や欠席したらついていけない。そして今学んでいることが、具体的に自分の将来の職業、収入にまで直結していることがわかっている。何のために今の勉強が必要なのか、よくわかる授業ばかりなのだという。

「大変なのです」と言いながらその表情は楽しそうである。彼が小学校のころから中学、高校に至るまで、不登校だったことなど全く想像もできない生き生きした様子なのである。

「今度の学校は今までの学校と何が一番違うと思うの？」と聞いてみた。すると、

「この学校では、素の自分を出せるんです。今まで僕はエエカッコしいで、外ではカッコつけていたんです。学校の友達には、できない自分を見せるのが嫌で、明るく振舞っていたので、そのぶん家に帰ると、ぐったりしてしまって、だらけていたんです。でもこの学校では、寮生活していることもあってもうカッコつける余裕もなくなって、素の自分をみんなに見せています。本音が言えるし、小学生みたいなこと言っていますよ。だから気が楽かな。友達ともよく遊んでいますよ」という。ありのままの自分をまず自分が受け入れることができる、そういう勇気が出てきたのだろうなと思う。

自分を見つめて

　「今振り返ってみて、不登校のきっかけはなんだったと思う？」と聞いてみた。
　「自分って、ずっと小さいときからエエカッコしいなんです」
　「へー。いつごろから？」
　「幼稚園のころから」
　「えぇ？……」
　「負けを認めたくないのです。他の人からはよく見られたいのです。だから負けそうだと思うと、逃げるか、殻にこもるしかないんです」
　「そういう自分のこと、冷静に見ていたの？」
　「そう。ずーと冷静に自分のことわかっていました」
　「小さいときから？」
　「結構小さいときから」

「へーえ！」と驚いてしまう。
「自分がどんな人間か、ずっと考えていたんだね」
「そうです」
という。落ち着いた様子は未成年に見えない。そうか、不登校している間、ずっと自分と向き合い、自分を見つめていたんだ。だからとても大人びて見えるんだと納得する。

不登校のきっかけ……彼の話

そんな彼に具体的にどんなことがあって、不登校になっていったのか、そのときどんな気持ちだったのか聞いてみた。

はじめのきっかけはアメリカへの転校だった。彼の父親の転勤に伴い、一家でアメリカに転居したのである。家族は父と母、兄と当時小学校4年生だった本人の4人である。兄と本人は、まずは現地の公立小学校に転入した。英語を身に付けさせたいという親の希望からだった。

その学校は、同様に日本から転居してくる児童が多く、同じように親の転勤で先にきている日本人の児童に、あとから来た児童をサポートさせる制度をとっていた。

始めはそんな日本人の友達に支えられて学校に通っていたが、しばらくするとその少ない日本人との間での人間関係が崩れ始める。そのクラスには彼を含め3人の日本人児童がいたのだが、そのうちのリーダー的存在だった1人が、次第に残りの2人を支配するようになった。

必要なことを教えてくれない、ちょっとしたことで怒り出し、納得がいかないまま謝らされるというようなことが続いた。しかし英

語が理解できず、話せない彼は他のアメリカ人のクラスメイトに頼ることもできず、たった3人という狭い人間関係の中でしかいられない。次第に学校にいくことが苦痛になっていった。そして例のカッコつけの性格である。親にも、まして現地の先生にも話すこともなく、誰にも理解されないまま、家に籠るようになった。昼夜逆転し朝は起きられない。日本と気候も違い、冬の寒さはよけいに気持ちを暗くさせた。

　事態はさらに悪いことになった。アメリカ現地校の先生から、親が虐待しているのではないかと疑われたのである。人に弱みを見せない彼は、他人の前では明るく振舞う。学校にいるときは、みんなに合わせ、元気に活発そうに振舞っていた。それなのに、なぜ学校を休みがちになるのか。また母親が語る、家でのぐったりした疲れ切った姿が想像できないのだ。学校であんなに元気なのに学校に来られないなんて、家に問題があるに違いない。それは虐待か、もしくはネグレクトであろうと推測し、このままの状態が続けば、親が裁判に掛けられることが示唆された。

　アメリカでは不登校は理解されないのだ。そこで、現地の日本人学校へ転校することになった。そこは全校8人くらいの小規模校である。日本人ばかりの学校で、ようやく安心して学校に通うことができた。

　彼が学校に毎日通うようになったことで、母親はほっとしていた。しかし彼は違っていた。その安心できる学校に通いながら、自分は困難から逃げ出したという後ろめたい思いをぬぐうことはできなかった。

第3章　元不登校児へのインタビューⅠ

　アメリカにいる限り、英語に対するコンプレックスと、現地校を逃げ出したというコンプレックスから逃れられないという気がした。やっぱり日本に帰りたい、そんな思いが強くなっていった。

　次の年、中2の6月末に帰国し、前に通っていた小学校の学区の中学校に転校した。昔の仲間との再会、歓迎ぶりを期待していた彼にとって、今度の転校は、期待を裏切るものだった。
　中学生くらいなら、普通に転校生がきたときでも、多くの生徒が興味を持ち、話しかけてくれる。そう思っていたのに、全く違っていた、誰も興味を示さないどころかむしろ無視さえするような雰囲気だった。小学校時代の知っている顔もあるのに、なにかよそよそしい。予想を裏切られて彼はまた学校へいくのが苦痛になっていった。友達がよそよそしかったのには理由があったのだ。
　随分たってから、ある友人が教えてくれた。それは彼が転校してくる前に、担任の先生がクラスの生徒に「アメリカから転校生がくるよ」と言ったのだそうだ。生徒たちは、てっきり英語を話すアメリカ人が来るにちがいないと思い楽しみにしていたらしいのだ。それなのに、転校してきたのは彼である。彼のせいではないのに、生徒たちの間に失望感が広がっていたらしいのだ。さらに彼は英語に強いコンプレックスを持って帰ってきたのである。英語の時間になっても、ぱっとしない。そんな姿に、ますます皆の失望感が広がっていったらしいのだ。
　そういう人間関係のつまずきを乗り越えられなかったのは、やはりプライドのせいかなと語る。
　遅刻や欠席を繰り返すようになった。テストはちゃんと受けに学

校に行く。まあまあの成績が取れると、よけいに友達の目が厳しくなっていった。また彼は学校に行かなくなった。

彼は不登校枠のある私立高校に入学した。高校に進学してからは1年、ほぼ毎日学校に通う彼を見て、母親はようやくほっとした様子をみせた。

母親へのカウンセリング
私が彼の母親のカウンセリングをスタートしたのは、彼と兄と母親だけで日本に帰ってきて、しばらくたったころだった。彼は中学2年生だった。

母親は、彼が望んだとおり日本に帰ってきたので、これで学校に通えるだろうと期待していた。それなのに、また彼が欠席するようになり、理由もわからず混乱するばかりだった。朝起きられないことが遅刻・欠席の理由だろうと、夜には早く寝るようにと何度も言うが、結局毎晩遅くまでゲームをしていた。

朝になると起きられず、そのまま欠席。そんな彼の姿に母親はイライラし、そして無力感にとらわれていた。

友人・知人に相談するうちに、私のことを紹介されたらしい。アメリカでは、彼女もほとんど誰にも相談できなかったのだから、彼女にとっても、帰国は幸いだったと言う。

初めて母親に会ったとき、彼女はすっかり自信を失くし、不安な表情を浮かべていた。

母親には、彼が学校に行かない理由が全くわからなかった。最初のアメリカの現地校で日本人の友達にいじわるされたことは理解し

第3章　元不登校児へのインタビューⅠ

ているが、その後なぜあんなに楽しみにしていた日本の学校で、不登校になるのか理解できない。ここまでくるとやはり自分の子育ての仕方が悪かったのかと自分を責めるばかりである。とはいえ、何がどう悪かったのかと言われても答えられない。夫や長男から「甘やかしたからだ」と言われると「そうかもしれない」と思うが、かといってどうすればいいのか全く分からないのである。

　私は最初のカウンセリングで彼女にはこう言った。

　「彼が学校に行かない理由も、また家族とも話をしないで部屋に閉じ籠っている理由もわかりません。でもその行動をみれば、彼がしてほしいことは、『学校には行かない。そのことについて何も言わないでほしい』っていうことですよね。彼のことを『学校に行けない』かわいそうな子と思っていませんか？まず『かわいそうな子』と考えるのはやめましょう。理由はわからないけれど『学校に行かない』ことを決めて行動できる子なんですよ。『学校に行かない』ってなかなか決断できるものじゃないし、それを行動に移すなんて、エネルギーのある子だと思います。今は彼を信じて待っていましょう。必ず自分から動き出す日がきますよ」そう繰り返したように思う。

　アドラー心理学で考えれば、すべての行動には目的があるので、「学校に行けない」のではなく、「行かない」と決めた彼なりの意思があるのだと推測できた。子どもを信頼することで、彼を勇気づける以外に今周囲の大人のできることはないと考えていた。

　その後、彼女は私の主催する「勇気づけプログラム ELM」に参加することになった。そこには同じように中学校時代不登校になり、今はちゃんと仕事をしているという息子を持つ母親が参加して

いた。そのワークショップの参加者は5人、皆それぞれが悩みを抱えているので、人の悩みに寄り添うことができ、また少し客観的にみて、違う側面を互いに伝え合うことができる。彼女はようやく信頼して心を打ち明けられる仲間に出会ったと言った。回を重ねるたびに彼女に笑顔が見られるようになった。

　確かに詳しく聞いてみると、過保護と思われる場面がたくさんある。「同じ状況になったとき、皆さんはどう思い、どう行動しますか？」と私が聞くと、彼女にとって思いもかけないさまざまな行動が提案された。それだけでも、彼女にとって驚きだったという。少しいじわるされたからといって子どもをあわれみ、一緒になって不安になるばかりだった自分に気づいた、この子は朝起きられない子だと決め、何度も何度も起こした。自分で食事を準備できない子だと思い、食事をすべて準備してきた。チャレンジしても、失敗したら立ち直れない子だと思い込み、チャレンジすることを恐れた。そんな母親の思い込みが、彼の自信を奪っていたことに、少しずつ気づき始めた。

　「私って本当に過保護な親だった……」という言葉が彼女の口からきかれるようになっていった。
　彼が中学3年になったときも、私は「彼は必ず進学すると思います。でもそのことに一切口出ししないでね。黙っていたら、自分で考え、自分で決めて受験し、進学するからね」と言い続けた。
　私は中学校での教師経験の中から、多くの生徒が中学を卒業したら、高校や専門学校に進学したいと思っていることを実感していた。どんな不登校だった生徒も、環境を変えたいと望んでいるし、高校

に行って新しい仲間との出会いを期待している。不登校の子どもたちは学校や勉強が嫌いなのではない。自分のいる学校やクラスが嫌いなのだ。勉強が好きとは言えないかもしれない。でもしなければならないことは、とてもよくわかっている。少なくとも30年間見てきた中で、私はそう信じている。

　そして予想したとおり彼は不登校枠で、ある私立高校に進学した。1年間はほぼ毎日通った。ようやく母親も安心したころ、2年になって5日目から、また欠席するようになった。今度はずるずると行けなくなったという感じではなく、きっぱりと行かないと決めているような様子なのである。退学したいと言い出した。母親には理由は全くわからない。また不登校の日々が始まるかと思うと、彼女はすっかり元気を失くしてしまっていた。

　母親が参加するワークショップは読書会として続いていた。参加者はずっと彼女と一緒に学んでいる仲間である。高校進学や、1年間通えたことを皆で喜びあっていたところだったので、今回のことは皆にとっても衝撃だった。ただ今までSMILEを一緒に学んだ仲間である。すぐにポジティブに考える意見が出てきた。中学の先生をしている一人が、

　「1年間高校に通えた彼が、今回また学校に行かなくなったけど、それは今までの不登校とは違う気がする。彼は朝起きて行こうと思えば行けるに違いない。1年間は実行したのだから。でも今、行かないっていうのは、何か理由があって、自分で決心しているように思う。彼はもう自信のない小学生じゃないんだよ。きっと大丈夫だよ」と励ましてくれた。私もその通りだと思っていた。

彼の話

そのときはもちろん私も彼が学校に行かなくなった理由を知ることはなかった。今回そのことについて聞いてみた。

「あの頃はどうしてまた学校に行かなくなったの？」

「友達に魅力感じなくなってしまって……」

「どういうこと？」

「誰か一人が、『アイツ、ハブろうぜ』っていうと、本当にみんなでそいつを無視するんだ。そんなことが普通にあるのだ。なんかいやになっちゃって……」と言う。

やはりイジメがあった。『ハブる』というのは、彼らの中では『無視する』という意味である。『無視する』という一見大したことはないように見えるイジメが、実はされた方は一番つらい。言葉や体で傷つけるわけでないので、外からはイジメとみられない。証拠も残らず、「そんな気はなかった」と言い逃れられる。イジメが悪いとわかっているからこその陰険なイジメなのである。

彼がターゲットではなかったかもしれないが、自分がターゲットでなくても、そんな様子を見ているのもつらかったのだろうと思った。今まで何度もそんなことを体験してきたのだから。

高校は長期欠席は認めてくれない。彼も高校にいじめのことを伝える気にもなれなかった。親にも先生にも、何の理由も告げず、通信制の高校に転校するということで、その学校を去った。

次の通信制の学校は基本的には家庭学習である。ときに登校するときもあるが、多くの時間を家で過ごす。昼夜逆転し、ほとんどの時間をゲームで過ごしていた。

ときどき帰国する父や、父のいないときは兄にひどく叱られる。

第3章　元不登校児へのインタビューⅠ

しかし何も言い返すこともなく、ただ自分の部屋に閉じ籠るばかりだった。

進学

　彼が動き出したのはやはり次の進学を控えた高校3年生のときである。通信制なので、ほとんど学校に通う必要はない。数少ない登校日にはちゃんと登校して、無事に高校は卒業できそうである。そのころは母親も父親も彼が進学を希望しているとは思っていなかった。家での無気力な様子を見て、大学進学などとても期待できないと思っていたらしい。しかし彼はいつの間にかちゃんと大学の受験資料を取り寄せていた。

「最初は船に乗りたいなって思ったんです」
「どうして？」
「もともと海が好きだったし、3か月海の上で、1か月家で休みっていいなって思って」

　日本で航海士の資格が取れる大学はそんなに多くない。倍率も高い。母親は受験して不合格だったら、もう立ち直れないんじゃないかと心配していた。私たちは、「大丈夫！」と彼女を励まし続けた。

　予想通り3回チャレンジしたが、すべて不合格だった。欠席日数が多いことを何度も質問されたらしい。一時はめげていた。しかしそれは長くは続かなかった。母親の心配のようにはならなかったのである。

　彼は、次は機械関係の専門学校を受験したいと言い出した。そして今度は、2校から合格通知を受け取ったのである。

79

「なんで機械の専門学校にしたの？」と聞くと
「中２の技術の時間に、ハンダゴテの実習があって、そのとき先生から『うまい』とほめられた。そのときから物づくりもいいなと思って」と言う。ほとんど不登校の日々だったが、登校したときに先生から認められた一言が、彼の人生に影響を与えている。改めて教師の一言の重みを感じた。

今思うこと
「不登校していた時、家族や先生の言葉ってどう思っていたの？」と聞いてみた。すると「お父さんや兄ちゃんのいうことは、正論だし、その通りだと思っていた。でも自分の気持ちは言わない。言っても絶対にわかってもらえないと思っていたから。なんせ不登校したこともない人にはわかるはずないって思う。価値観が全然違う。わかってもらえないのに、言いたくないし、弱みも見せたくない。自分の問題だから自分で解決しなきゃと思っていた。自分は頑固だから、したいことは自分で決めてきた。時には親の顔立てて言うとおりにしたこともあるけど、結局は自分のしたいほうに決めてきた。ずっと家にいて、このままではやばいなとおもうときもあったけど、でもこのままでまあいいやって思うときもあった」
「他の不登校している子の親に何かアドバイスすることある？」
「ほかっとけば自然に治る」（放っておくというその地方の方言）
「ほんと？」
「普通の子なら、自然に行くようになると思うよ」

彼は短くそう言って、当たり前でしょという顔をしていた。私も

第3章　元不登校児へのインタビューⅠ

実はそう思っていたので、「そうだよね」とにっこり笑った。
「ああー。ほんとに私の悩みはいったいなんだったんだろう……」とそばで聞いていた母親が苦笑いしながら訴える。
「じゃあもうお父さんのいるアメリカに行ってしまってもいい？」と母親は聞く。
「いいよ。いけば」
「ほんとにいいの？」母親の顔に少し疑うような様子が見えた。
「お母さん、残念でしたね。お母さんよりさきに子どものほうが自立しちゃったみたいですね」と私が笑いながら言う。
「ほんと。自立できてないのはやっぱり私のほうね」と彼女は笑いながら答えた。
やっぱり子どもを信頼していればよかったのだ、そう思わされるのはこんな時だ。

第4章　元不登校児へのインタビューⅡ
Eさんの場合、非行から不登校へ

三輪　克子

不登校の親、語る会

「どうしてそんなに学校に行かせたいの！」と、E子が突然声を上げた。

その日は不登校の子どもを持つ母親3人と、長く不登校をしていたE子、そしてその母親に集まってもらって、不登校している子どもの気持ちを聞く会の最中だった。

私は、アドラー心理学に基づく子育てプログラム「SMILE」という講座を主催している。参加者たちはSMILEから学ぶことだけでなく、同じ立場の人と話せることがとても勇気づけになっているようで、毎回楽しみにやってくる。やっぱり当事者同士でしかわかり合えない気持ちがあるようだ。私はSMILEのあと、その人たちだけで話し合う時間を取るようにしていた。

その時期、ある生徒のことが頭に浮かんだ。E子である。今から15年前、中学校を休みがちになり、いわゆる非行仲間と遊び歩き、とうとう高校にはいかなかった子である。その頃私は母親から相談を受けていた。

その後いろいろあったが、E子は高卒認定試験に合格、夜間の大学からロースクールにはいり、今年司法試験に合格したという連絡

を受けたばかりであった。母親からも涙ながらにお礼の電話があった。嬉しい知らせを聞いたばかりだったのだ。

　どうしてあのころ学校に行かなかったのか、行かないでいてどんな気持ちだったのか、親にはどうしてほしかったのか、などなど、今なら教えてくれると思った。さっそく彼女に連絡すると、喜んで来てくれた。一緒に母親もきてくれた。そのときの親の気持ち、子の気持ち、一緒に聞けるのはいいことだと思った。そして、母親たちが、順番に今の子どもの状況、親の気持ちを話していたときにE子が声を上げたのである。

　「親ってどうしてそんなに学校に行かせたいの！」と彼女は急に声をあげた。そして「私はそのときは学校に行けば、いじめがあって本当に行きたくなかった。それなのにお母さんは『どうして行かないの！』ってすごい顔で怒ってくるから、どこにも居場所がなかった。いじめられないために、不良仲間に入ったの。そうすればいじめられないから。でもそれも安心できる場じゃない。不良仲間の中にも、いじめがあるから。家にいられたらいいじゃないですか。家は安心だし、食べ物もお風呂もある。学校に行かなくても、家にいたらいいじゃないですか!?」

　E子の言葉に、3人の母親は顔を見合わせる。ここにいる母親の子どもたちは、学校には行かないが、家にはいる。母親達の悩みは、家では元気なのにどうして学校に行かないのか理解できないことである。学校に行ってほしい、それはごく当たりまえの親の希望だと信じている。

　「どうして学校に行ってほしいの？」と私もE子の言葉を受けて

第4章　元不登校児へのインタビューⅡ

もう一度確認のために母親たちに問いかけてみた。すると、
「えっ。当たり前でしょ？」と言ったきり言葉を失ってしまった。母親たちにとって学校に行ってほしいのは当たり前のことなのである。自分たちもずっと通ったし、朝、外をみるとたくさんの子どもたちが当たりまえのように学校に通っている。ウチの子は学校にいかない、ずっと寝ている。ゲームをしている。そのことが受け入れられないのである。

　私はE子に聞いてみた。
「いじめられているってお母さんに言わなかったの？」と聞いてみた。
「言えるわけないじゃないですか？　いじめっていっても、いつもじゃなくて、『今度は誰ね』って誰かがいうと、次のターゲットがいじめられるの。すると今度はいじめる側に回る。みんなで無視するの。いつ自分がターゲットになるかわからないから、毎日ほんとうに怖かった。遊びのような、でもつらいことだし、かといってプライドもあるから、親には絶対に言えなかった。わかってもらえるとも思えなかったしね」と言った。

　E子の場合、家にも居場所がなかった。夫婦仲が悪かったのである。毎日父親が帰ってくると、すぐに口げんかが始まる。けんかしている声を聞くのもいやだった。ましてそれが自分のことだったりするといたたまれなくなる。家にいたくない。学校にも居場所はない。不良仲間しかいなかった。
　しかしそのために、ますます親や教師から理解されなくなって

85

いった。中2の夏休み明けには、すっかり不良仲間に入り、学校は遅刻、早退、学校に行っても、服装や持ち物違反で追い返される毎日だったという。

親も教師もあてにならない。誰もわかってくれない、そんな絶望的な気持ちの中で毎日を過ごしていた。
「その頃のこと、よく覚えてないの。忘れたいからかな」と言った。

母親のカウンセリング

その当時、母親から何度も相談を受けていた。もちろんその当時はそんな学校でのいじめのことなど親も教師も知ることはなかった。なぜ急に非行に走ってしまったのか、学校も休みがち、不良仲間と付き合い、深夜徘徊を続けるE子の気持ちなど全く理解できなかった。何か話そうとすれば、イライラした汚い言葉しか返ってこない。夜も出て行ったきりである。心配になり、メールしても返事はない。母親はすっかり参っていた。

小学校のときは、成績もよく活発な子だった。弟がいたが彼女のほうが優秀で問題はなかった。

それがなぜ中学校に入ったら急に反抗的になったのか理由はわからない。よくある思春期の反抗期と思って過ごしていたが、次第にエスカレートするばかり。ＰＴＡの役員をしていたが、先生たちに顔を合わせることが次第につらくなってきた。先生が訴えるのは、短いスカートや反抗的な態度、つき合っている友人たちへの苦情だった。学校で言われるたびに、娘に注意するのだが、返ってくるのは、さらに反抗的な暴言だった。大きくもない集合住宅なので、窓を閉めても怒声は近所に知れてしまう。夜になるとバイクで家の

第4章　元不登校児へのインタビューⅡ

前に仲間が来る。娘の態度ばかりでなく、近所の人の視線、先生たちの非難に母親もすっかり参ってしまっていた。

相談を受けた私も、その当時、理由はわからなかった。それでもいくら思春期に入ったとはいえ、その暴言を聞かせてもらうと、彼女が母親を傷つけようとしていること、それは、彼女が何かに傷つき、そしてその復讐をしているのだろうということは理解できた。ドライカースの理論で言えば立派に「復讐」を目標にした行動であることは理解できる（ドライカース, 1993）。非行は学校への復讐でもあるので、学校に対してもなにか恨むものがあるのだろうとも推察できた。

そして対応である。

復讐を目的にする子への対応は、「相手の言葉を繰り返しながら聴く。行動を自分へのあてつけと受け取らない。謝ることや、罰や仕返しを避ける。あなたが心配していることを伝える。長所を勇気づける」とある（ネルセン, 2000）。誰かを傷つけようとする子どもは、傷ついている子どもである。

何に、どんなふうに傷ついたかはわからないし、本人も言葉にできないのだ。しかしその当時、そもそも普通に会話できる状況ではないらしい。私がアドバイスしたことはただ一つ「何も言い返さず、彼女の言うことを黙って聞きつづける」ということである。「何時に帰ってくるの？」そんなどんな親でも問いかけるような質問にも、怒りのこもった返事とともに、暴言が返ってくる。それをただじっと聞き続ける、それだけでも大変なエネルギーが必要だった。

私のカンセリングは、母親のつらい気持ち、いたたまれない思いを時間をかけて聴くこと、そして、最後にこう言って勇気づけるこ

とだった。
　「今は、彼女の心に何か刺さっていて、それが膿んで、膿となってついに外に溢れてきたようなもの。だから、その膿が全部出てしまわないと、もとの健康な心には戻れないの。今それを取り戻すために、彼女は自らその膿を外に溢れさせているように思うの。全部出てしまえば、大丈夫、すっきりしてまたもとの元気で明るい彼女が戻ってくるよ。信じて待っていてあげてください」と言い続けていた。

　母へのアドバイス
　母親へのアドバイスはもう一つあった。「無理に学校へ行かせようとしない」「今学校へ行かなくても大丈夫。勉強したくなったら、いつからでも勉強は始められる。焦るのはやめましょう」ということだった。
　このころは、ほとんど学校に行かなくなっていた。ただ夜遊びは続き、昼間は家で寝ているだけの生活となっていた。母親も無理に学校に行かせることはできないとあきらめかけていたが、心のどこかでは、学校に行ってほしいという気持ちを捨てることができなかった。なぜ普通の子のように高校へ行かないのか。普通でないことを選択するわが子が理解できない。どちらかというと社交的な母親だったが、悩みを打ち明けられる少数の友人としか話せなくなっていた。母親も追い詰められていた。

　立ち直りのきっかけ
　E子の話は続いた。

第4章　元不登校児へのインタビューⅡ

「お母さんが、『学校に行かなくてもいいよ』って言ってくれたときは、本当にうれしかった」という。

「お母さんには言えなかったけど、いじめがあって学校には行きたくなかったのだけど、心のどこかでは『学校へ行かないこと』への罪悪感はあったし、お母さんが学校に行ってほしいと思っていることもすごくわかっていた。だからお母さんの口から『学校に行かなくていいよ』って言ってもらったときは、本当にほっとした」という。

そして、もうひとつ、忘れられない母の言葉があるという。

不良仲間からの呼び出しがあった。本当は行きたくなかったけど、行かないとどんな仕返しをされるかそれが怖くて出かけようとしたとき、「お母さんが守ってあげるから、大丈夫、行きたくないなら行かなくていい」と言ってくれたときだと言う。本心でいえば、相手は15歳、体は一人前である。どちらかといえば小柄な母親が本気でやりあったら勝てないと思う。けれど今、母親が「あなたのことは絶対守るから」という言葉を聞いたとき、嬉しい気持ちが湧いてきたという。

高校受験

そんな毎日の中、ついに卒業の日が来て、進路を決めなくてはいけないことになった。高校には行きたくない。

学校に何の期待も持てない。時間もお金も無駄としか思えなかった。しかし担任も母親もどこか一つでいいから受験してほしいと迫ってきた。それに負けて、受験だけはすることにしたが、わざと受からないようにした。結果は不合格、ほっとしたそうである。

立ち直りの経緯

中学校を卒業したので、もう嫌な不良仲間と付き合う必要はなくなった。高校にも行かず家で過ごすことが増えたが、家庭は必ずしも居心地のいい場所ではなかった。相変わらず父と母の仲は悪く、家にはいたくなかった。

昼間は寝て、夜になると家を出て、昔の気を許せる友達と遊んでいた。しかし遊ぶにもお金がいる。パートで働く母親に、さすがに遊ぶお金を出してほしいとは言えなかった。アルバイトすることにしたのはそんな理由からだった。しかしアルバイトの経験は、彼女に自信を与えてくれた。いろいろなアルバイトをして、自分でも働けば収入を得られること、学校の知識はなくても、社会で困らない、むしろ記憶力のよい彼女は、優秀なスタッフとして期待されていることに気づくようになった。自分に自信を取り戻しつつあった。

そんなある日、職場でちょっとしてトラブルがあり、その仕事を辞めることになった。突然辞めさせられたのに、その日までの賃金まで支払われないと言われた。納得できない彼女は、自分で労働基準監督署に相談に行った。そこで、それまでの賃金が支払われないことはおかしい。どうすればその賃金が取り戻せるかというアドバイスを受けた。そのとき、彼女は、法律はときには自分たちを守ってくれるものなのだ、知らないことで実際には得られるものも失ってしまっているものがたくさんあるのかもしれない。自分の仲のいい友達はみな、高校も中退していて、知らないことが多すぎる。知っていれば助けてくれる法律も、知らなければ何にもならないのだと強く思ったという。彼女の中で、法律への関心が高くなっていった。

第4章　元不登校児へのインタビューⅡ

もっと学び、何らかの資格を持ってそれを仕事にしたいという欲求が高まっていった。

高卒認定試験へ

そんなころ、私は偶然、彼女に出会った。次のバイトもみつけ順調に働いていたが、そんなことを考えていると知って、私は高卒認定試験を受けて、大学を受験するように勧めてみた。

彼女はすでに22歳になっていた。今から高校の勉強なんてできるんだろうか、と心配していたが、

「大丈夫やるだけやってみたら」と勇気づけ続けた。

近くの高卒認定塾に通い、半年で高校卒業認定を取得した。勉強に対しても自信をとりもどした彼女は、法学を学べる大学に行きたいと考え、1年は予備校に通うことになった。

翌年、地元の法学部のある国立大学に進学した。ときどき話を聞くと、信じられないほどの熱心さで勉強をしていた。「どうして？」と聞くと、「私はもう十分遊んだ。今は勉強したいの。そして資格がほしいの」という。

言葉どおり、勉強に集中した彼女は、さらに難関校のロースクールに合格し、司法試験に挑戦、1回で合格した。

合格発表の日、涙声で私に電話してくれた。ここまで来られたことに対する感謝を告げてくれた。

親にどうしてもらいたい？

「不登校しているとき、親にどんなふうに接してもらいたい？」と聞いてみた。

「親は『子どものため』っていうけど、本当に子どもの気持ちが分かったら『学校へ行け』って言わないと思う。子どものためって言うけど、本当は自分のためなんじゃないの？って言いたい。子どもを本当に愛しているなら、そんなに嫌がっているのに、なんで『学校へ行け』っていうの？　親って本当は自分のためなのに、『子どものため』っていうから嫌だ」
　「ちゃんと愛情表現してほしい。自分が愛されていると思えない。成績のことばかり言うんじゃなくて、好きな食べもののことや、好きなものの話をしてほしい。私は自分がお母さんから愛されていないと思っていた。愛されているって信じられなかった。弟が愛されていることはわかっていた。だから自分が愛されてないと思っていたの。夫婦仲はよくしてほしい。いつもケンカばかりはもう嫌。お父さんのことを、ときどき本当にひどく言うのは、聞きたくない」
　母親はうつむいていた。

　そんなこと考えていたのだ、とびっくりする。どうしていいかわからず何度も私に電話してきた母親の気持ちと、あまりにもかけ離れている。なぜなのだろう、と思う。
　黙りこくってしまった母親たちに代わって、私は、親の気持ちを代弁して言ってみた。
　「だってさ。親ってね。今学校に行かないと、このままずーっと家にいて、50になっても60になっても家から出ない人生を送るんじゃないかと心配でたまらなくなるのよ。いつか必ず外に出ていくって思えればいいけど、なにも保証もないと最悪のことばかり考えてしまうのよ」と私が言うと、何人かの母親が大きくうなずく。

第4章　元不登校児へのインタビューⅡ

悪いことばかり考えてしまう。母親はその不安がたまらないのである。

「そうか、そんなこと考えているの。それはつらいよね」

「つらいわよ。そんなこと絶対ないと言い切れるの？」

「私は家にいたくなかったから、そんなことは絶対ないけど、そういう人もいるしね」

「でしょ、新聞やニュースでみると、そうなっちゃうんじゃないかと思うわよ」

「そうか、だからあんなに必死だったんだ」

「わかった？　お母さんの気持ち」

「今はわかるけど、そのときは無理だね。自分のことしか考えられない。先のことなんか考えられないし、今日のこと、今のことしか考えられなくなってる。『将来どうするの？』なんて聞かれたけど、なんにも答えられない。漠然と不安はもちろんあるけど、どうしていいのかわからないから、こんな道もあるよって、教えてもらえたら嬉しいかもしれない。高卒認定って方法があることを知ったときはへーって思ったけど、全然高校行ってないのに、受かるなんて思えなかった。『大丈夫。塾で勉強も教えてくれるから、受かるよ』って言ってもらって、やってみようかと思えた。そこから自分のやりたいことが広がっていったから、やっぱりあの時の言葉は感謝している」

「ここまで頑張るとは、私もあの時は思わなかったよ。大学に行って自分のやりたいことみつけたらいいなと思って、大学進学進めたけど、まさか司法試験めざすとは思ってなかったよ。お母さんから、M大学のロースクールに合格したってきいたときは本当にびっくり

したわよ。時間が必要なんだね。やっぱり中学生のときは考えられないよね。高卒認定うけたのは、22歳のときだから、落ち着いて、次にチャレンジするまで7年かかったよね」

「たしかに、中学生じゃ無理かもしれない。あのころって本当、何も考えられないのよ」

母親たちは、互いの顔を見合わせ、その言葉に納得の表情を浮かべていた。

「やる気をおこさせるための3つの条件」にこう書かれている（ディンクマイヤー・ドライカース，1985）。
1　子どもの気持ちを感じ取ること
2　子どもを信頼すること
3　自信を持つこと

とあるが、まずは1の「子どもの気持ちを感じ取ること」の難しさを改めて感じさせられる。ある日、突然学校に行かなくなった自分の子どもの気持ちは、到底理解できないときが多い。子どもの気持ちを理解する前に、自分自身の不安に押しつぶされそうになってしまうのだ。

しかし本当に子どもにやる気を起こしたいなら、信じるしかない。きっと自分で道をみつけて歩き出す、そう信じるしかない。そうお互いを励まし合った。

【文献】
Dinkmeyer, D. & Dreikurs, R.（1963）*Encouraging Children to Learn.* Prentice-Hall, Inc.（柳平彬 訳（1985）子どものやる気. 創元社. p.9)

第4章　元不登校児へのインタビューⅡ

Dreikurs, R. & Soltz, V.（1964）*Children : The Challenge*. Bill Berger Associates, Inc.（早川麻百合 訳（1994）勇気づけて躾ける──子どもを自立させる子育ての原理と方法. 一光社. p.90）

Nelsen, J. Lott, L. & Glenn, S.（1993）*Positive Discipline in the Classroom*. Prima Lifestyles.（会沢信彦 訳（2000）クラス会議で子どもは変わる. コスモス・ライブラリー. p.85）

第5章　わが子の不登校から始まった
　　　　アドラー心理学の学びの道

　　　　　　　　　　　　　　　　　深沢　孝之

　Hさんは、以前から筆者のアドラー心理学仲間です。現在、地域でアドラー心理学に基づいたペアレント・トレーニング・コースを開催したり、講演会に呼ばれたりして活躍しています。筆者は、Hさんは、息子さんが不登校になったのがきっかけでアドラー心理学の道に入った、とご本人から聞いていました。そのため本書の企画時に執筆をお願いしたところ、Hさんから「文章を書くのが苦手なのでインタビューならOK」というお返事をいただきました。そこで、改めてお話をうかがうことになりました。

　内容はプライバシー保護と読みやすさのために、会話の内容や細部の情報は省略、修正しています。

　（以下、インタビューアーは──、HさんはH）

子どもが不登校になった頃
　──ご家族の構成を教えてください。
　H　長女、長男（A）、次女、夫、夫の母。不登校になったのは長男のAです。
　──3人きょうだいでA君は真ん中、中間子ですね。息子さんが不登校になったのは何歳頃ですか。
　H　小学校1年、7歳。
　──最初に休み始めたのはいつでしたか。

H　最初に休みだしたのは3学期で、こちらでは珍しい大雪が降った後でした。大雪の間学校は朝が一時間遅れだったでしょ。それが平常時間に戻った時です。

　——どのような経過で休みが続くようになったのですか。

　H　いつも早起きの子が、平常授業に戻った朝に起きなかった。その時は具合悪いからと思った。でも次の日も起きなかったです。三日目も起きなかった。もしかして、行きたくないということかな、とは思いました。それからAは行かなくなって。

　——そのまま学校に行かなかったということでしたか。

　H　行かなかったです。3日目になっても行かなかったときは、なんか普通と違うと思いました。そのまま2年生になっても休み続けて、その秋から、「まあ行かなくてもいいかな、行けなくても仕方ないかな」と私も思うようになりました。やっぱりそれまでは行かせようとしていたのね。

　——どうしてそう思うようになったのでしょう。

　H　どうしてだろう。なんかね、無理やり行かせるのが嫌だったです。毎日同じことを言って、毎日怒りながら、それを続けるのが嫌だった。それと以前、子どもたちをスイミングスクールに行かせたときに、下の子が嫌がったことが何回かあって、それで強引に連れて行くのは無理と思うようになっていたの。2, 3回ならいいけど、それをずっと続けていくのが無理だと思うようになっていました。

　——なるほど。A君が2年生の秋頃になって、そう思うようになったのですね。彼はどんな様子だったのですか。

　H　Aが休みだした時に地域で教育相談をやっている人、校長先生だった人みたいですけど、そこに行って話をしたら、「友達とは

遊べるし、学校に行かないだけなので、大丈夫、すぐ行けるようになるよ」と言われました。でも彼は私が「学校に行くよ」と言うと顔が真っ白になっちゃって、病気になっちゃうんじゃないかと思えました。

　——その頃Hさんはどう感じていたのでしょう。

　H　そのうち行けるようになるだろうと。

　——期待しますよね。

　H　期待しますよ。実はたまには学校に行っていたのね。イベントがあるとき、遠足とか運動会とか、行事のときは意外と行けていたかな。

　——そもそもなんで行かなくなったのですか、きっかけとかあったのでしょうか。

　H　わからない。

　——それを彼は言わなかったのですね。

　H　それを聞いても言わないの。

　——いまだに聞いていないのですか。

　H　そう。本人も言わなかったから。わからないんじゃないかな、本人も。

　——原因がわかればなんか説明がつくけどね。

　H　そう。Aは友達とは仲良く遊べたし。だから学校に行ってなかったけど、放課後は遊べていたのね。

　——どこに行って遊んでいたのですか。

　H　友達が家に来るんです。誘いがあれば、Aも出て行った。とにかくよく遊べた。S先生（のちにHさんとA君が出会うスクールカウンセラーで精神科医、アドラー心理学も学んでいた）にもよ

く言われた。「遊べるからいい」って。

——Hさん自身はその小２からの時期は、どんな風にしていたのですか？

H　うーん、イライラしてた（笑）。イライラしながら見守っていた。Aはほんとに元気だったけど、私はイライラしている。

不登校児との生活、試行錯誤の中で
——はっきり言って、むかついている（笑）

H　なんかしろよって（笑）。

——なんかしたのですか。

H　スイミングには嫌々でも行ったかな。あとね、「ひまわりの会」（その地域で活動している不登校児の親の会）に行った。最初の頃はある機関のカウンセリングにも行っていた。アドラー派じゃなくて。そこにも不登校の親子のグループが月１回あって、二人で行って、レクレーションしたりケーキを作ったり、大根を堀りにある村の畑に行ったり。その頃に「ひまわりの会」にB君（Hさんと筆者の共通のアドラー心理学仲間の青年。元不登校児で当事者の活動をしていた）が「ラフ」っていうグループをやっていて、Aと遊んでくれて。お兄さんみたいな人たちがいました。

——A君は何年生のころ？

H　小学校３年か４年じゃないかな。B君が中心になってそのグループをやっていて、中学生のお兄さんとかがいっぱいいたの。月一回とか活動して、そういうところでは活発でした。

——学校自体はその後もずっと行かなかったのですか。

H　小学校はその後もずっと行ったり行かなかったりで。だから

第5章　アドラー心理学の学びの道

私は、Aが5年生になったら適応指導教室には必ず入れようと思っていました。そして、学校に来ていたS先生のスクールカウンセリングを受けていました。

——それはいつ頃ですか。

H　3年かな。2年間S先生のカウンセリングを息子も私も受けていましたね。

——じゃ、A君はカウンセリングの時には、学校に行けたってことですね。

H　カウンセリングだけね。S先生に会いに行って帰る。何をしているかといえば、部屋の中で隠れん坊をしたり（笑）。「この子は遊びが上手」とS先生にほめられていました。

——遊べる子だとほめられたのですね。そうやって、たまにカウンセリングに行っていたのですね。

H　たまにね。S先生と話をするために。そのうちS先生から私に、「お母さんも何かやったらどうですか」と言われて。

アドラー心理学との出会い

——そうなんだ。S先生に勧められて。

H　そうそう。最初にSMILE（アドラー心理学に基づいた親子関係セミナー）のことを教えてもらって。でも当時開催していたのは東京だったから。「東京に行けるわけないじゃん」って思った。でもしばらくたってから「行こう」と思い直して行きました。

——ついに行こうと思ったのには何かあったのですか。

H　わからない、半年ぐらいたってお正月を過ぎて、「なんか行ってみたいな」って思って。

——それで、SMILEを東京まで行って受けようと。講師は誰でしたか。

　H　岩井俊憲先生。

　——これがアドラー心理学に出会った最初ってことですよね。

　H　その時はアドラー心理学を全く知らなくて。でもたまたま『勇気づけて躾ける』って本を先に読んでいたの。

　——ドライカースの？

　H　うん。なぜか生協でその本を売っていて、たまたま買って読んでいた。そういうことを知らずにSMILEを受講した時に、「私これ知っている、知っていることがいっぱい出ている」って思った。だからちょっと予習していたんです（笑）。

　——へー、偶然ですか。

　H　偶然、偶然。

　——そんなに売れている本じゃないよね（笑）。

　H　なんでかわからないけど、買っていたんですね。

　——縁ですかね。SMILEを受けて感想というか、どうでしたか。

　H　なんか楽しかったというか。自分が知っているところが少しあったし、スムーズというか。自信がついた。それまでは子ども一筋で、「子どもをどうしよう」って思っていたけど、「自分をどうしよう」に切り替わったかなあ。

　——なるほど、自分をどうしようってね。

　H　多分ね。「東京に行こう」と思った時点からそうだったかも。いくらAが変わるのを待っても変わらないと。待ちきれなくなっちゃって。待っているとイライラするし。

　——待ちきれなくなっちゃった。

H　待っていると待ちきれなくなっちゃって、つらくなってきて、「一生このままだったらどうしよう」って。「じゃあ、なんか学ぼう」と思ったのかもしれない。でもその時は一生に一回、最初で最後のつもりで行ったのね。

　——土日二日間でSMILEの全章をやるコースですね。で、どうでしたか、戻ってからは。

　H　宿題は何週間分もあるから、その宿題をやるために一生懸命子どもを見るじゃない。書くことがないかって。だから宿題をやっている間は楽しかったです。

　——それはよかった。どんなところが楽しかったのですか。

　H　なんだろう。今まで気にしたことがなかったことをやっぱり見るようになるし。

　——例えば？

　H　子どものいいところとか、注目したらどうなったか見るでしょ。

　——実験するわけね。

　H　そうそう。そんなことあんまり思ったことなかったから。勇気づけたことなんか多分ない（笑）。子どもは勝手に育つと思っていたから、自分が勝手に育ったから。

　——それまで気にしたことがなかったことを気にするようになった。そんなことをしているうちにHさん自身は、どうなったのですか。

　H　SMILEを受けていたメンバーたちが「アドラー心理学ベーシックコース」の話をしていたのが耳に入ったの。ちょっと気になったけど、最初で最後と言ったので、私には関係ないと思ってた（笑）。

でも1年くらいたって、私もベーシックコースも受けていた。

──4日間ですか

H　そう。だから泊りができる。それが楽しくて、勉強を理由にお出かけできるという（笑）。そして岩井先生に「この後、何か勉強することありますか」と聞いたのね。で、「スマイルリーダー養成講座」を勧められて受けに行ったのかな。

──スマイルを教えようという気持ちだったのですか。

H　うーん、そこまでは思ってなかった。次何をすればいいかって感じ。

──スマイルリーダー養成講座を受けてみてどうでした？

H　スマイルリーダー養成講座は面白かった。その後のサブリーダー体験も大変だったけど面白かった。

──それでスマイルリーダーになって、講座をすぐに始めたのですか。

H　すぐじゃないけど、2年以内に初めてのスマイルを開催した。その間、けっこう子どもにかかわっていたけど、やっぱ自分が何したいかということに集中していたと思う。おかげさまでいろいろ学ばせていただいた感じかなあ。

アドラー心理学を学んで変わり始める

─　どんなふうに変わったと思いますか。

H　うーん、先ず人の前に立ってなんかするなんて思わなかった。わざわざ人を集めたりするとは思わなかったなあ。昔の友達は驚くみたい。あなたがこんなことするとは思わなかったと。おとなしいイメージでまじめで、多分（笑）。

第5章　アドラー心理学の学びの道

——そういう自己表現ができるようになったということですね。

H　あとはコミュニケーションというか、子どもとのかかわり方というか。

——親子のコミュニケーションにはどのような変化がありましたか？

H　やかましくない親になった（笑）。最初子どもが小さいときはね、自分の思う通りにしようと、実はやっぱりコントローラーだけあって（ニックネームと呼ばれるアドラー心理学の性格類型の一つ。自他の行動、考えをコントロールしようとする傾向が強い人を表す）。

——コントローラーなんだ。

H　コントローラー。

——まあ、そうかもね。Hさんってちゃんとしているもんね。

H　なんかこう、指導するの好きでしょ（笑）

——なんか「こっちへ」って、持っていくもんね（笑）。

H　子どもにもそうしていたの。一番下の子と買い物に行ったとき、「赤い靴がいいか、青い靴がいいか」と一応聞くんだけど、自分は青が好きだから青を選ばせるという。そのうち子どもが「どっちでもいい」と言うようになっちゃって、「お母さんが決めれば」になって、それはまずいなと思うようになった。だから、ずーっとそうしてきたんだと思う。

——それはアドラー心理学を知る前に気づいたの？

H　いや、SMILEをやっているときかな。

——ふと気がついたのね、勉強したときに。

H　うんうん。「どうせお母さんが決めるんでしょ」と言われて。

――課題の分離がHさんの頭に入ったのでしょうね。

H　そうそう、勉強したから、「ああ、それはいけないな」って思って。言いたいこと言わないように、だんだん気をつけるようになったかなあ。子どもを操作しようって気はなかったけどね。

――アドラー心理学を知るまで気づいていなかったことってあるよね。

H　一番下の子はふてくされたり、はっきり言うから。

――下の子は言えるのね。子どもさんが3人いて、それぞれ個性があると思うけど。

H　それぞれにね。

――特にA君はどうだったんですか

H　自分のことは自分で決めるということは徹底していたかな。多分、自分のことは自分で決めたい人だったと思う。人に決められたことは従いたくないという。

――小学校からそうなのですね。

H　例えば、何か集合するときも一番に集合したい人だった。後からだと休むタイプ。意外と目標が高いというか。

――そうかもしれないですね。

H　一番がいいけど、一番にはなかなかなれないでしょ。どこかで勇気がくじかれたんでしょう。理想とか高すぎて、現実ってそうじゃないし。あとビビりなの。怖がりで、お友達が怒られるのを見て、自分がビビっちゃうところがあった。

原因がどうこうじゃないけど、でもやっぱり、どんなことでもいいから、いいとか悪いとか言ってあげなくてはいけないのに、やっぱり私がハッパかけたり、ちょっと勇気づけのところが足りなかっ

たんだな、って今は思う。

——A君は中間子だから余計、きょうだいの中で外れちゃうのかもね。

H　女きょうだいに挟まれていたせいか、おとなしかったのね、ちっちゃいときは。泣き虫でおとなしかったし、やんちゃではなかったから。

——ところで彼は小学生時代、登校はしないほうが多かったですか。

H　行かないほうが多かったです。

——変化はその時点ではなかったってことですね、小学校の時は。

H　そうですね、イベントとかには行っていたけど。

中学生時代、不登校は続く

——中学校ではどうだったのですか。

H　適応指導教室に中学でも通うことになりました。そこも小5の最初は嫌がっていた。お腹痛くなったりして。でも年上のお兄さんたちがかわいがってくれて、そのうち元気になって、電車に乗って通えました。私は駅まで送って。電車に乗って通わせたっていうのもよかったですね。

——自分で動けるようになったのですね。

H　学校以外のことは動けるようになったみたいよ。

——ほんとですね。中学3年間は適応指導教室ですか。

H　一応3年間はね。

——学校に行くことはあったのですか。

H　中学1年の4月は行ったの。それで行けるかなと思ったけど、

4月でおしまい（笑）。

　——何かあったのですか？

　H　4月の最終日に、同じ地域の男の子が、Aが廊下にいた時に、Aに顔面パンチをしたんです。

　——ええっ。

　H　なんかその子の機嫌が悪かったのか、振り回したのが当たっちゃったみたい。

　——それは運が悪かったですね。

　H　顔面パンチをもらって、だけどAはそのことを家に帰って一言も言わない。そしたら担任の先生から電話があって、「こういうことがあったので、今から謝りに行きます、その子とお母さんとで謝りに行きます」って言うの。「来なくていいです」って言ったけど、「どうしても行きます」と言うから来たの。Aが全然そんな話をしないから、どうしたらいいのかなって、私すごく迷って、結局会わせなかった。その子は私に謝ったけど。私は、その子は学校では謝ったから、別にもう謝らなくてもいいと思ったけど、後で考えたら、本人に聞くべきだったと思いました。

　——なるほど。その話はそのままになったのですか。

　H　相手の子が謝りに来たことを、いまだにAは知らないと思う。

　——そこから休みだしちゃったのですか。

　H　そこから行けなくなった。行けなくなって、適応指導教室にまた行きました。

　——そこには行けたのね、切り替えて。

　H　私としても、中学は卒業して高校に行けばいいかなと思っていたので。

——どうしてそういう風に思えるようになったのですか。

　H　なんとなくというか。高校スタートでもいいや、と。

　——A君が適応指導教室に通ったり、Hさんは親の会に行ったりしていたから、不登校についての情報はあったということかな。

　H　情報はあったけど、多分Aが「高校は行きたい」って言うだろうなっていうのはあったかな。でも何回か聞いてみたけど「さあ」って。3年の進路を決めるときになって「行く」って言ったから。

　——いつ頃決めましたか。

　H　9月くらい。ぎりぎり。ではどこへ行くかっていう話になって、でもそれは言わなくて、最後に自分で決めました。

　——C高校でしたっけ。決めた理由はなんですか。

　H　わかんない。

　——言わないんだねえ、彼は。理由づけしないで結果だけなんだね。

　H　そうですね、言わない。余計なことは言わない。そういう会話はないね（笑）。小さいときからしゃべるのはあまり得意ではなくて。

　——C高校は受験したのですね。Hさんとしては聞きたいこともあったでしょう。

　H　聞きたいことはあったよ。聞きたいけど、答えないから。その代わり決めたことはするってわかっていたから。

高校進学、不登校から卒業

　——高校には普通に通ったそうですね。

　H　高校は行きました。1回休んだだけ。けっこう成績もよくて、

勉強もしていたのね。それで卒業式にいろいろと表彰されることになったの。なんと3つくらい表彰されるって。その中に皆勤賞があったけど、それが嫌だったらしくて、名前呼ばれて立つのが。

——ああ、そうか。

H　なんかそれが嫌だったらしくて。でも先生たちはすごく期待して、皆勤賞だから何をご褒美にあげようかって話し合っていたらしい。でもなんとAは「具合が悪い」って言って、1日だけ休んじゃった。ケロッとしていたけどね（笑）。

——1日だけ休んだ。さすが、面白いなあ（笑）。

H　私だったらもらいたいと思うけどね。だけど名前を何回も呼ばれるのは嫌だったのかも。

——なるほどね。本人にしかわからないかな、そこは。

H　ねえ、いいことなのにね。

——この時期Hさんはアドラー心理学を勉強して、スマイルリーダーもやっていましたね。

H　そうですね。

——あっちこっちでやって、活躍されて。

H　いえいえ、活躍してませんけど。

——まあ、アドラー心理学はその頃はどんな風に実践していたのですか。

H　実践？　まあ、課題の分離のところだよね。任せるというか自分で決めてもらって責任を取ってもらうところは徹底していたけど。

——徹底していた。なるほどね。

H　だけどね。課題の分離ってちょっと難しいよね。難しいって

第5章　アドラー心理学の学びの道

いうのは、ほったらかしとわかんなくなっちゃうでしょ。

——紙一重みたいな感じ？

H　うんうん、これでほんとにいいんだろうか、と思うときがあって。

——確かに。

H　多分 SMILE を受けただけだと、理解できないと思う。SMILE には、子どもの課題だから踏み込まない、ってあるでしょ。ま、協力もあるけど。あれのホントの目的は、協力を最終的にするためで、その手前のところですよね。それに気がついたのはけっこう後のところだった。ただ分離すればいいってもんじゃないって。

——そうですね。気がついたのは大分後っておっしゃったけど、いつだったのかな。

H　いつだろう。わかんないけど、課題の分離だけはしていたけど、その後の協力っていうところまでつないでいけたかどうかっていうのは、うーん、ちょっとそこは。

——難しさを感じたわけですよね。A君との間では、その協力っていうのはどういうところで現れたのでしょう。

H　Aはね、あんまり協力的じゃないからね。

——彼自身がそんなに求めないからね。

H　手伝ってとか、そういうのはないもん。

——こっちからお願いすることはどうだったのですか。

H　こっちからお願いすることは……聞いてくれたかな。なんか文句言っても結局やってくれたかな

——お手伝い的なことですか。

H　そうね、うちの仕事（自営業）の手伝いとか。

大学進学してから

──A君は地元の大学にも行ったじゃないですか。それも自分で選んだと思うけど、どういう選び方でしたか。

H　高校の担任の先生が、Aが以前不登校だったから、「いきなり社会に出るよりも、大学に行けるなら行った方がいい」と勧めてくれて、成績もよかったから推薦で行けました。

──大学生時代のA君はどのように見えましたか。

H　わかんない。単位取りすぎちゃったみたい。たくさん取りすぎちゃったみたいで（笑）、いらないものも目いっぱい取ったのに、最後に卒業する年に一個だけ取っていないのがあって、でも学生課から連絡が来て、危ないところだった（笑）。

──必須科目がもれちゃった。今までの分を取り返すような感じを受けますけどね。

H　そうそう、確かに。英語なんかも、私が「こういう本がよいよ」って言ったりすると、後でちゃんと買ってあるんだよね。高校生や中学生用の英語の本も買ってあって、それで勉強したみたい。

──へー、取り戻そうとしたのでしょうね、きっとね。

H　うん。

──今、A君は何をやっているのですか。

H　今は勤めている。早朝行って夜遅く帰ってきて、休みが少ないです。

──それで働いているんだ、ちゃんと。

H　なんかね、仕事が面白いらしい。

──何をやっているのですか。

H　食品を配送したり、営業もあるみたいで、成績表みたいなの

第5章　アドラー心理学の学びの道

があって、あの人アルバイトで入ったときに、アルバイトのくせにトップになっちゃって（笑）

——何がよかったんだろう。

H　わかんない、今もけっこう成績がよいみたいで。家族は体が大事だから辞めた方がいいって言うけど、「もうちょっと稼いだら」とか言っていて。

——へー、すごい。

H　勉強熱心なの、意外と。セールスの本とか食品の本とか一杯買い込んで。その前は3か月くらいペンキ屋さんをしてたけど、「ペンキの塗り方」って本を買ってきてた。

——へー、面白いね。

H　スーパーに一緒に行くと、なんかすごくよく見ている。

——ふーん、社会勉強をいろいろしましたね。

H　うちじゃそんな素振りみせないけど。

——よかった、よかった、ということですね。改めてHさんは、不登校のお子さんをたまたま持っちゃったわけだけど、それでもアドラー心理学を勉強する機会にもなって、よかったことは何だったでしょう？

H　よかったことですか。……まあ、親子関係がよくなったというか、かかわり方を気にする、親子だけじゃなくて、他人にもこう言っちゃいけないなとわかるようになったってことと、あと自分自身が学ぶきっかけ、いろんなことをやろうと思うきっかけになったのかな。アドラーもやったけど、交流分析もやったりとか。

——けっこうやりましたよね。

H　大学にまた入ったり（Hさんは最近、通信制大学の心理学科

を卒業した)、絶えずチャレンジしたというところ。好きなこと、やりたいことをやるようになったかな。前だったらこんなこと言っちゃいけない、やっちゃいけないと思ったことが、そんなことないな、って、やりたいことやるべきだ、ってなった。

──で、それをやってみたということですよね。

H　だから自分の生き方は自分で決められるっていうところ。

──反対にできないとか、限界を感じたことは？　これは難しいなあと思ったことは。

H　……カウンセリングかな。早期回想(笑)。やっぱりね、人の人生にかかわることは、ちょっと重たいなって。何だろう、まじめだから必要以上に抱えちゃいそうな気がするから。やってみたいと思うけれども、本業の合間にはちょっと無理だな、無責任だなって思うから。

アドレリアンとしてのこれから

──わかりました。これからはアドラー心理学をどのように活かしていきたいですか。

H　これから？　子育ては卒業でね。最近面白いのは年齢の高い人たちにアドラーをやること。某所で毎年講師に呼んでもらっていて、「心の健康」というテーマで、けっこう私より年配の人たちが多くて面白いのね。そういう人たちに伝えていくのはいいかな。

──子育てとは違うところでね。あと、アドラー心理学を学んで他の人たち、旦那さんや家族や姑さんの反応はどうだったのですか。突然東京に行き始めたじゃない。

H　私が言い出したら聞かないというのは皆さんご納得のようで

（笑）、わかんないけど。でも気は使うよ。

——そうでしょうね。

H　でも最近はしょっちゅう行くようになったから、「ちょっと東京に行ってくるね」って。昔は「ちょっと行ってみていいですか」、みたいな感じだったけど。

——許可を得る形で申し出たから、相手も許可をするってことで納得したのかな。

H　最初はね。でも最近は許可されなくても行ってくるからね。

——自分の課題で行ってくるとか。

H　そういう感じですね。ダメって言われても行ってくるから、というのは変わったところかな。でもやっぱり気は遣うよ。私がいないとお義母さんに負担がかかるので、それは一番かな。

——確かにそうでしょうね。でも結果、お子さんも小中高大、就職と成長されたしね。

H　ただ、課題は永遠にあるよね。

——まあ、生きている限りはね。彼は今仕事のタスクに取り組んでいて。あとは愛のタスクをどうするのか知らないけど（笑）。

H　愛のタスクはどうなるのか。「一人は寂しいよ」ってAに言ったりしたんだけどね

——変化はないですか

H　ないですよ。「職場にはおばさんしかいない」って。

——あんまりそこは動かない人みたいですね。

H　愛のタスクは自信がないみたいです。「俺はもうムリ〜」と言っている（笑）

——（笑）いつか彼からも聴いてみたいですね。ではこれでイン

タビューを終わらせていただきたいと思います。どうもありがとうございました。
　Ｈ　はい、ありがとうございました。

　インタビューは以上ですが、翌日Ｈさんから感想と補足のメールをいただきました。その一部を載せます。

　おはようございます。
　昨夜はお世話様でした。
　言い忘れたかな？ということがあってメールしました（お役に立たない内容かもですが）。
　信頼についてです。
　Ａが小学生の時、Ｓ先生に「上手に遊べますね。遊ぶってことは頭がよくないとできないことです」と言われたことに勇気づけられていました
　中学生のときは、適応指導教室の先生に「Ａ君なら大丈夫だ！」としょっちゅう言われ、本気でそう思って言ってくれていると感じられ、勇気づけられていました
　子ども自身に決めてもらうって、信頼していないとできないことだと思います。
　信頼しているつもりでも時には、その気持ちがゆれてしまうことがあり、そんな時は「本当に自分は信頼しているのか？　試されているんだ」と自分に言い聞かせることで乗り越えられたように思います。
　Ａの進路がなかなか決まらないときは平気な顔をしていました

が、非常に心がゆれていました。本人が決めてくれるまでジッと待つことは、けっこうキツかったです。

　でも待てたのは、Ｓ先生と適応指導教室の先生たちの勇気づけが大きかったと思います。アドラー心理学の勇気づけを学び、それを意識して生活しましたが、そんな私を勇気づけてくれていた人たちの存在も大きかったと思います

　中１の４月に同級生にパンチされた、という話をしたと思いますが、謝りに来た親子と先生にＡを会わせなかったことはやっぱり間違いだったと反省しています。会わせていたら違う展開があったかも？

　学校から帰宅しても何も話してくれなかったことに対して、カッコ悪い話をしたくなかったんだろう、知られたくなかったんだろうと勝手に解釈して会わせなかったので。

　よくよく考えてみれば、彼の課題を勝手に片づけちゃったわけで、彼が判断すべき課題というか、人生の選択の一部を勝手に肩代わりしたわけで、気づかぬうちにそういうことを他にもやっていたのかも知れませんね。今さらなんで、いいんですけど。

　なので、普段もこんなこと言ったら迷惑だろうとか勝手に解釈して、躊躇して相手に言えないことがけっこうあることに気づきました。事実をただ伝えてどう思うかは相手の課題なのにね。

　長々と書いてしまいましたが、昨日の言い忘れですのでメールしました。

第6章　不登校生と不登校対応にかかわる支援者とのあいだ

夏見　欣子

はじめに

フジテレビのアナウンサーの高橋真麻さんをご存じだろう。彼女の父は言わずと知れた高橋秀樹さん。親子いっしょにテレビに出演していることもあるので読者の方々は多少なりとも拝見したことがあるかもしれない。

平成30年6月25日に放送された日本テレビ系の『スッキリ』の番組内でのことである。「スッキリVOICE」のコーナーで、〈今でも忘れられない！ 父に言われた言葉〉をテーマに行った街頭インタビューの模様を紹介した。フジテレビのアナウンサーであり月曜コメンテーターの娘の真麻さんは、フジテレビのアナウンサーとして入社し行き詰まりを覚えた時に、家族に「仕事を辞めたい」と漏らしたそうだ。だが、父親は「人は何か嫌なことや辛いことがあった時にずっと逃げ続ける人生になる」と言い、「ここは耐えろ！ 頑張れ！」と真麻さんに対して励まし続けてくれたと当時のエピソードを語った。

「この父の言葉に奮起して仕事を辞めなかったからこそ、『今の自分がある』」と感慨深げに話をしている真麻さんに、筆者は朝の身支度の手を止めて見入った。

不登校をテーマにした本稿で、この高橋親子のエピソードからは

じまる書き出しに読者の方々はどう感じられただろう。筆者はけっしてこの高橋親子のエピソードになぞらえて、つまずきを感じた我が子に対して叱咤激励することで「不登校」が改善し、すべてがうまくいくという美談を広めたいわけではないということをあえてお伝えしておく。では、なぜこのエピソードを紹介したか、筆者はこのエピソードをお借りして「対人関係論」「目的論」「共同体感覚」というキーワードを読者と一緒に考えてみたいからである。

対人関係論

　アドラー心理学での対人関係論 interpersonal theory は、精神内界ではなく、個人と環境との相互作用を分析対象としている。いっぽうフロイト Freud, S.(1856-1939) による古典的な精神分析モデルは、治療者は患者の自由連想に耳を傾け、その無意識的な欲動を解釈することを治療とするものとしていた。つまり、フロイトは心の中（精神内界）に何か問題を起こすような実体があって、それが神経症の原因であるという。それに対してアドラー Adler, A.(1908-1971) は、対人関係についての考察をぬきにしては、人間の精神生活を理解することはできないと述べ、人間の行動の究極的な目的は人間共同体への所属であり、そのために下位目標として、その個人特有の人生目標が作られると考えた。そして、この個人特有の人生目標が私たち人間の全行動の方向性を決定するとした。アドラー心理学では、ある行動は、常にその人を取り巻く人的環境との相互作用として分析し、その人の対人関係の中での在り方で、その行動の意味を見つけることができるといわれている。

　対人関係 interpersonal は、「inter あいだ」「personal 人」という

二つの単語に分割できる。つまり、「対人」＝目の前の人や他者という意味でもなく、「関係」という意味でもない。吾妻氏は、対人関係論を「人と人のあいだに起こっていることに注目するという意味」に過ぎないと紹介し、対人関係論が誤解されないように次のように説明している。

　対人関係論は、対人関係機能を向上させる理論ではないことを理解しておく必要がある。

　対人関係論は、社交的な人間になって人と良い関係を持つための実践的な方策を提供するものではない。

　対人関係機能を向上させようという明白な意図をもって治療者が患者に関わるということは、操作的であり、真正な authentic な態度ではない。そのような態度は、対人関係論から導き出されるものではない（吾妻, 2016）。

と述べている。

不登校と対人関係
では不登校生の対人関係は、どのような様相を示しているのだろうか？

不登校生の中には、「お友達と顔を合わすのが嫌だ」と訴え、同年代の他者との関係から距離を置こうとする児童生徒がある。しかし、すべての不登校生が同年代の他者から距離をおいているとは限

らない。学校には登校しないが、放課後や休日、同じ学校の同じクラスの子と遊ぶ子もいれば、LINEやメールでやりとりをしている子もいる。また、同年代の児童生徒から距離を置いていたとしても、年代の離れた大人や、年の離れた小さい子となら関係を結べる場合もある。また、教育支援センターやフリースクール・塾やおけいこ事の友達といっしょに過ごす子もいる。友達と過ごせず家族とだけなら過ごせる子もいれば、一切の他者と顔を合わせることを拒み自室に引きこもる子もいる。

こう見てみると、不登校という症状一つをとってみても対人関係の様相は様々で、同じ子どもでも時と場合と人によっても変わるケースもある。そのため、一つ一つのケースを丁寧にみて、どんな場面で誰との関係のあいだで何が起きているのか、どのような態度を示しながら相手から何を引き出そうとしているのかを見つめる視点が大切になる。

目的論

「人と人とのあいだ」に起こる事象とは、個人と他者の相互作用で現れる事象である。アドラー心理学の対人関係論では、個人がとる行動の意味は、他者との相互作用でどんな目標を達成するかという視点で理解される。アドラー心理学をマスターしようと思うのなら、この対人関係「人と人のあいだ」に目を向け、そこに何が起きているかを見つめ、客観的に自分と相手のあいだを見つめる視点が必要になる。これが簡単なようで意外にむずかしい。

もう少しわかりやすいように事例を示しながら説明する。

カウンセラー（以下Coと表記する）である筆者は、従順な雰囲

第6章　不登校生と不登校対応にかかわる支援者とのあいだ

気で依存傾向の強いクライエント（以下 Cl と表記する）の前に立つとマターナル部分が前面に出てしまいがちになる。筆者が冷静な時はこういう自分の癖に気づいているのだが、Cl との関係の中で彼らから母性性を求められると無意識的に自然にマッチングしてしまい筆者自身がマターナル傾向を示してしまう。このような状況になるとスーパーバイザーから強く指摘をされるまで筆者は全く気づかないこともある。それどころかバイザーから指導される言葉が素直に筆者の身体に入ってこない。バイザーから折角、Co と Cl のあいだに起きていることを明示され、わざわざそこに焦点を当ててもらえているのだが、Cl に示した自分の反応の何がそんなにおかしいのかと抵抗を示すほどである。誰しもそうであろうが、自分の状態にはなかなか気づきにくいものである。それと同じように関係性の中で、「人と人のあいだ」に起こる状態になかなか本人たちは気づきにくいものである。だからこそ、対人援助を行う者は、スーパービジョンやコンサルテーションという訓練や指導を受け続ける必要があるのである。

『アドラー心理学によるスクールカウンセリング入門』（夏見　アルテ 2015）7 章に登場する Cl のA子はある進学校の高校生。A子は、附属中学校からの付き合いのあるクラスメート達とずっと一緒にすごしていた。中1から長い間いっしょに過ごしてきた仲間であるのに、彼女は仲間達の中で不安な学生生活を過ごしていた。

　そんなA子と Co である筆者との最初の出会いの場面は、授業開始のチャイムはもうすでに鳴った後、筆者と一緒に相談室にいた養護教諭のもとに、クラスメートである二人の女子生徒に連れられて

123

A子は筆者の前に現れた。その時、A子は小さな子どものように泣きじゃくっていた。その状況を見た筆者は、年齢にそぐわない未熟なA子の社会性に対して違和感を感じた。この時は、まだ筆者は冷静にA子のその様子を眺めていたのである。

　この状況から、CoはA子にカウンセリングを受ける必要性を伝えた。それから、A子の同意のもとカウンセリングを始めた。高校生であるA子は、治療者である筆者の前で幼児的な雰囲気を出しはじめる。そしてその反応に、Coである筆者はそのA子の在り様に感化され、まるで小さな子を相手にするようなマターナルな反応をA子の前で表すのである。このようにして、二人のあいだに二人の世界が浮かび上がってくる。このままここ、つまり二人のあいだにわき上がってきた世界に盲目になってセラピーを行うと、なんとなく雰囲気はいいのだが治療効果は現れなくなる。筆者はバイザーのおかげもあり「人と人のあいだ」、すなわちCoである筆者とClであるA子のあいだに着目し、カウンセリングの場面でなにが起きているかをClと二人で語りあいClの不登校は回避できた。

共犯者から勇気づけられる支援者になる

　家族や支援者がClの状況を伝え話す際、Coに次のように語る時がある。
　「Clは私には甘えてくるんですよ」
　「Clは私でなければっていうんです」
とまるでそれがいいことのような語りをされる方がいる。しかし、その家族や支援者は、ちゃんと対人関係論的な視点で子どもとの関係を見ることができているのかどうなのかCoはよく見極める必要

第6章　不登校生と不登校対応にかかわる支援者とのあいだ

がある。

くり返しになるが、「人と人のあいだ」で起きていることに視点を向け、彼らの目的を分析していくことが大切である。

例えば先ほどの事例なら、ClであるA子は「いつも全面的に自分を庇護してくれる人の傍にいることを望み、自立にともなう不安から逃げようとしていたのである」それでは、本当の意味でその関係はいい関係とは言えず、CoがClの3つの目標（目的である共同体への所属欲求の下位目標）「獲得すること」「自分を価値づけること」「逃避」を間違った方法で得ようとする試みの共犯者になっているのである。不登校の児童生徒の場合、この3つの目標が、子どもと家族や支援者とのあいだで影響し合い、家族や支援者が不登校への共犯になり不適切な行動を助長していないかを見る視点をもつことが大切である。

不登校児童生徒の社会的自立

不登校児童生徒に対する支援の目標は、児童生徒が社会的に自立できるようにすることである。自立のためには必要な獲得要素がいくつかある。その要素のうち『社会性や誰かと何かをいっしょにする力』と、『生涯を通じた学びの基礎となる学力等のスキル』を身につけることは特に大切なことである。これら『社会性』と『基礎学力』のスキルを獲得するためには、特に義務教育段階の学校が果たす役割はとても大きい。しかし、学校に通うことが出来なくなった不登校児童生徒は、たちまちそれを身に付ける機会や体験が乏しくなってしまう。長期化すればするほど、さらに『社会性』『基礎学力』の課題が大きくなってしまうことが危惧される。そのようなことを

考えると、不登校状態だとしても少しでも家庭以外の大人と関わりを保っておくことが、後々大きな足がかりとなることがある。不登校対策は、彼らの将来の生活の安定のためにはとても大切な喫緊の課題である。だからといって、不登校対策、不登校支援は、単純に再登校を目的とした取組ではないと並行して理解もしてほしい。ひとりひとりにあった支援を考えることが一番重要なことである。

教育支援センターへの期待

こう見てくると、不登校児童生徒に対しての支援は単純なものではないということがよくわかる。その理由は、不登校の要因・背景が多様化、複雑化しているためである。これでは、質的にも時間的にも学校の力だけでは限界がおきてくる。さらに、家庭だけの力では、限界値はもっと低いと思われる。

不登校の我が子を抱える家族が、生半可な知識しかない不登校アドバイザーに「エネルギー切れですね。すこし家庭でゆっくりさせてあげましょう」とアドバイスを受けた。家族はそのアドバイスのとおり子どもをゆっくり家で好きなようにさせておいた。家族は、子どもはいつか登校してくれるだろう、と不登校アドバイザーの言葉を信じ期待して待ち続けた。しかし、結局小学校、中学校と自宅に引きこもり、そのままの状態で年齢を重ねてしまった。

このように、不登校からそのまま引きこもりへ移行してしまう状況は大きな社会問題ともなっている。不登校に関する取り組みや支援にあたっては個々の対応が必要とされている。先に上げた例の不登校アドバイザーの言ったように、万人に通用するアドバイスはない。不登校支援の在り方を検討する上でも、初期の段階での適切な

第6章　不登校生と不登校対応にかかわる支援者とのあいだ

アセスメントを行うことは極めて重要である。

　平成28年7月に不登校に関する調査研究協力者会議から出された『不登校児童生徒の支援に関する最終報告』（文科省, 2016）では、「児童生徒理解・教育支援シート」を活用した組織的・計画的支援、そして、不登校児童生徒への効果的な支援について、学校及び教育支援センター（適応教室）などの関係機関を中心として組織的計画的に実施すること、また、個々の児童生徒ごとに不登校となったきっかけや不登校の継続理由を的確に把握し、その児童生徒に合った支援策を策定することが示されている。また、教育委員会の取組の充実には、教育委員会における教員の採用・研修を通じた資質向上のための取組は不登校への適切な対応に資する重要な取組であり、初任者研修を始めとする教職経験に応じた研修、生徒指導、教育相談といった専門的な研修、管理職や生徒指導主事を対象とする研修等の体系化とプログラムの一層の充実を図り、不登校に関する知識や理解、児童生徒に対する理解、関連する分野の基礎的な知識などを身に付けさせていくことが必要であることも示している。

　さらに興味深いところでは、教師が視野を広げたり、知識・能力の専門性を高めるために、様々な機関や施設等へ教員を派遣する長期研修の推進の重要性、また、学校に通う児童生徒の現状が多様化していること等を踏まえて、教員を目指す学生が、教育支援センターやフリースクールなどの教育支援機関や児童養護施設等において一定期間利用者と交流を行うことも有効ではないかと提案している。

　校内の、保健室、相談室や学校図書館の整備だけでなく、不登校は特定の児童生徒にのみ起こるものでなく、どの児童生徒にも起こり得るものであることから「適応指導教室の整備指針（思案）」を

参考として、教育支援センターの整備促進を図ること。官民協動型による教育支援センターの設置、訪問型支援や学習機会確保の支援などにより、不登校となった児童生徒に対して何らかの支援ができる体制の必要性も提案している。

専門家の拡充と支援体制の整備

平成30年8月末、文科省は19年度のいじめ・不登校対応に要求した予算は約75億円と発表した。その予算概要で2つの特徴に目を向けてみる。1つは75億円の予算うち9割が教育相談体制の整備拡充にかかわる予算であり、それは、心理の専門家であるスクールカウンセラーの配置拡充に約49億円、福祉の専門家であるスクールソーシャルワーカーの配置拡充に20億円で占められている。2つめは、「学校外の場における教育機関の確保等に関する調査研究」という事項に1億5500万円を計上している。これは、先の専門家加配と同様に、文科省が重視してきた「学校外の場における教育機会の確保等」としての教育支援センターの整備やフリースクールなどの量的拡充と地域偏在の解消に向けた調査の実施であるとされている。筆者が勤務する和歌山県では、平成29年度から学校現場だけでなく教育支援センターにも心理士（カウンセラー）の配置が実施された。

学校においてのスクールカウンセラー（以下SCと表記する）の主たる役割は、①心理教育的アセスメント、②カウンセリング、③教師・保護者のへのコンサルテーション、学校組織へのコンサルテーション、④研究、⑤介入、⑥予防、教育、健康管理対策などがある。

教育支援センターのカウンセラーの役割も先に示したSCの①か

第6章　不登校生と不登校対応にかかわる支援者とのあいだ

ら⑥までの役割と同等で、③のカウンセラーが行うコンサルテーションの対象が、「教師」から「スタッフ」となり、「学校組織」から「教育支援センター組織」となる。本書第2章（p. 52）で佐藤氏は、

　専門家である「スクールカウンセラー」が各校に配置されていたとしても、この（カウンセリング）マインドを、専門家だけに任せてしまっては問題の解決にはならない。また、教師こそ、子どもと最も多くの時間を過ごす、子どもの心の専門家であるという自負を持つと同時にスクールカウンセラーなどから学ぶべきである。

と述べている。その言葉を借りれば、教育支援センターでは、センター内のスタッフが一番子どもと最も多くの時間を過ごし、子どもの心の専門家として不登校生徒にカウンセリングマインドを活かし関わりをしていくことが重要となる。教育支援センター内のスタッフは、不登校児童生徒に対して家族以外の大人として関わる「重要な人」の役割を担っていることになる。

　学校でのSCの勤務時間は、大半が最大で週1日（5時間）程度であるため、教育支援センターでもカウンセラーの勤務はSCと同じ月に5時間程度という体制である。学校内にしても、教育支援センター内にしても、在籍する児童生徒たちにたいして、1対1のカウンセリングの時間を確保すると、SCができる援助は非常に限られてしまう。児童生徒たちと直接関わる時間が圧倒的に多い教師や保護者をサポートすることができれば、より多くの支援を必要としている児童生徒たちの支援や援助を行うことができることとなる。

相手役

では、子どもが家から外に出て教育支援センターへ来所して、仲間やスタッフと時間を過ごすだけで不登校対策支援となるのだろうか。子どもの将来への社会的自立を考えるとそれだけでは不登校対策の根本な改善には繋がらないだろう。

では教育支援センターのスタッフは、どのようにして子どもと関わるのがいいのだろうか。

アドラー心理学では、個人の行動には、その行動が向けられている相手役があるとされている。子どもたちの行動の相手役は、いっしょにすごす他の子どもである場合もあるし、スタッフもその一員である。

スタッフが、不登校生である子どもたちの反応を見る場合、子どもが仲間の中にどのように入り込み、どういうふうに彼らと共にいるかなどの見方次第で支援者のあり方が決まってくる。それは子どもたちに対しての支援者の関与と観察が互いに関連しあっているということである。教育支援センターでの生活の中で繰り広げられる「人と人とのあいだ」にスタッフが視点をおきながら、それにどう反応を示すかの観察が、子どものアセスメント材料となる。子どもを理解する場合、センター全体を含めてその子どもの態度や行動・心理がどう働いているかを丁寧に調べることによって、子どものその行動の「目的」が見えてくるし、それが子どものより深い理解につながる。

関与と観察を通じて得た子どもの理解は、支援をデザインするうえでとても大切なことである。子どもの理解から支援者の行動が変われば、それ次第で子どもたちの反応が変わる。相手役の行動が変

第6章　不登校生と不登校対応にかかわる支援者とのあいだ

われば、個人の行動は変わるからである。

勇気づけが生き続けているということ

さて、最初の高橋親子の話に戻そう。真麻さんと父親の英樹さんとのあいだで何が起きていたかということである。真麻さんは、挫折を味わい仕事に対してのつまずきを感じ始めていた。そんな時、真麻さんの場合、「弱音」を吐ける相手が家族であったのであろう。筆者は「弱音」を吐くことは悪いことではないと考える。「弱音」を吐かれた相手は、どのようにその気持ちを理解し、どう反応するかがキーポイントであると考える。「共感し理解する」ことを「母性」と表現し、「理解に対しての適切な反応を示す」これを「父性」というならば、父親側の秀樹さんからバランスよく「母性」と「父性」が同時に子に提供された勇気づけの場面であったのではないかと筆者は考える。

真麻さんと高橋英樹さん親子のあいだのことは、テレビの視聴者側の私たちには本当のところはわからない。しかし、真麻さんが街頭インタビューに刺激を受けて、父親とのエピソードを思い出し、それを私たち視聴者に伝えたことは事実である。では、真麻さんは何を視聴者に伝えたかったのだろうか……。真麻さんは、あの時、あの父の言葉で背中を押してもらえたんだなという実感を視聴者に伝えている。そしてその父の言葉、筆者がそれを言い換えるとしたら「父からの勇気づけの言葉」が年月を超えて今の自分につながっているという感慨深い体験と感覚を視聴者に伝えた。真麻さんの相手役は私たち視聴者である。真麻さんは何かしらを視聴者に伝えるという役割を果たすことで社会への貢献感を味わえる仕事を一つ仕

上げたのである。

アドラー心理学の共同体感覚

真麻さんのように仕事に従事し誰かの何かになれているとき、人は幸せと喜びと感謝を感じる。これをアドラー心理学では「共同体感覚」という。共同体感覚は、特定の社会やコミュニティへの感情や認知ではなく、人類共同体のような、大きな「虚構」のコミュニケーションとのつながり、その一部として生かされている感覚を示す。虚構の人類共同体とのつながりを示す共同体感覚は、個人の日常生活においては、地域社会などの実在するコミュニティへの所属感や貢献感としても表出される（浅井・箕口, 2016）。筆者は、子どもたちの将来が、社会に対しての所属感や貢献感を味わえるような未来につながること、共同体感覚を身につけ幸せを感じられる大人に成長することを心から願う。

【文献】

浅井健史・箕口雅博（2016）コミュニティ心理学とアドラー心理学の比較検討（箕口雅博編 コミュニテイ・アプローチの実践——連携と協働とアドラー心理学. 遠見書房. p.277-278）

吾妻壮（2016）精神分析における関係性理論——その源流と展開. 誠信書房. p.18-19.

夏見欣子（2016）早期回想を使った女子高校生のカウンセリング（深沢孝之編著 アドラー心理学によるスクールカウンセリング入門. アルテ. p.121-145）

第7章　スクールソーシャルワーカーが行なう
　　　　不登校支援についての考察

　　　　　　　　　　　　　　　　　　大松　美輪

はじめに

　スクールソーシャルワーカーは、世界的には100年以上の歴史があるといわれています。

　日本では、全国的な展開として文部科学省による「スクールソーシャルワーカー活用事業」が2008年に開始されました。スクールソーシャルワーカー採用時に求められる要件は、「社会福祉士や精神保健福祉士等の資格を有する者のほか、教育と福祉の両面に関して、専門的な知識・技術を有するとともに、過去に教育や福祉の分野において活動経験等のある者のうち、次の職務内容を適切に遂行できる者（文部科学省2008）」とされています。職務内容は、①問題を抱える児童生徒が置かれた環境への働きかけ、②関係機関とのネットワーク構築、連携・調整、③学校内におけるチーム体制の構築、支援、④保護者、教職員等に対する支援・相談・情報提供等です。

　スクールソーシャルワーカーは福祉の専門的な知識や技術だけでなく教育の場に対する知識を持ち、児童生徒や保護者、学校や教育委員会のニーズに対応していかなければなりません。つまり、教育と福祉の両面に関して、専門的な知識・技術をもち、問題を抱える児童生徒が置かれた環境への働きかけや、関係機関とのつなぎ役をすることが求められているのです。

また、学校内にチーム体制をつくりそれに対して助言するなどの支援を行い、保護者からの相談なども受けなければならないとされています。

　子どもの不適応行動には、反社会的行動（いじめ、暴力行為、非行など）と、非社会的行動（不登校、引きこもりなど）があると言われています。それらの不適応行動は「表面化している問題」として捉えることができます。その表面化している問題は子どもの直接的課題であり、支援する者にとっては解決したい事案になるとも言えます。
　しかし、そこには子どもの心理や発達（障がい）の問題など、「裏にある問題」の存在が、また、大人の子どもへの不適切な関わりや、子ども同士のストレスのかかる関係性など、子どもを取り巻く環境といった「根底にある問題」があるかもしれません。それらに焦点をあて働きかけなければ根本的な課題（真の目的）の解決にはたどり着けないのではないのではないでしょうか。

　アドラーは、「ほとんど聖なる義務といってもよい教師のもっとも重要な仕事はどの子どもも学校で勇気をくじかれることがないように、そして、既に勇気をくじかれて学校に入る子どもが、学校と教師を通じて、再び自信を取り戻せるように配慮することである」（岸見　アルテ 2013）と言っています。
　不適応行動を示している子どもは、勇気をくじかれ、もしかしたら共同体感覚を失い、自分が向かう目標や正しい目的を見失っているのかもしれません。

第 7 章　SSW が行なう不登校支援についての考察

そのような子どもがいたとしたら、アドラー（心理学）のエッセンスに触れたことのある支援者は、それらからの学びを自らの支援の基にしないわけにはいかないでしょう。

すべての不登校が必ずしも勇気をくじかれている状態であるとは言えません。でも、不登校という形で行動を表面化させている子どもの中で、勇気をくじかれている子どもがいるとすれば、その子に対して勇気づけのアプローチをしていきたい。

そんな想いから、私の立場での考察を始めたいと思います。

アドラー心理学の学びから

共同体感覚

困難に直面した時、しそうになった時、助けてといって良い、助けてもらうことができる、ということを信じている、あるいは、知っている子どもはどれくらいいるでしょう。

「共同体感覚」は、社会や人とどのような関わり方をするかということにも影響します。子どもは、良好な愛着関係から生まれる安定した対人関係の基礎である基本的信頼関係を持つことが大切です。子どもに関わるほとんどの大人は、子どもが肯定的な自己像を形成し成長してほしいと思っているでしょう。「私は大切な人、困ったら助けてもらって良いのだ。私には力がある、困っている人がいれば助けることができる」自分には社会とつながる力があり、自分と他者の幸せに興味を向けることができる、そんな子どもの成長を大人は願っているのではないでしょうか。

そうであるにもかかわらず、子どもの中には不適切な表現をする

など、様々な不適応行動を示すのはなぜか、しっかりと見立てていく必要があると思います。

目的論

何のために学校へ行かないことを選択しているのか、行かないことで何を得ようとしているのか、あるいは、何を得ているのでしょうか。それらは、意識の中ではっきりと確信しているものではない場合もありますが、そうでないものも多くあります。

例えば、不適応行動を示す中に、何らかの不安が存在するとします。広沢（2018）は、心理学や精神医学では、古くから基本感情としての不安を「正常不安」、社会機能の障害を招くような不安を「病的不安」と呼んできました。正常不安は、その人にとって適応的な意味を持ち、その不安を乗り越えることでより強い自己形成も進みます。反対に病的不安は、それが長く続けば健全な成長を妨げ、その後の自己形成や社会適応に支障をきたしかねません、と指摘しています。

どのような理由から学校に行かない、行けない状態になっているのか。本当はどうしたいのか、といった「真の目的」（ニーズ）を、どうしたら見極めることができるのでしょうか。

病的不安を抱え、不適切な表現を続けることが子どもにとって不利益であるとすれば、隠れた適切な目的を表面に表し、子ども自身がそこに視点をあてることで新たな気づきをもてるような支援の関わりが必要になります。

勇気づけ

学校で子どもを取り巻く人や物、あるいは学校の要素に対して〈希望を持てているか、期待できるものを持っているか〉あるいは、〈大丈夫、なんとかなるといった感覚を持てているか〉、そういうことが学校で適応して行くにはとても大切なのだろうと思います。

　学校と言っても、その中には様々な教科の学習、友達関係、先生との関係、運動場、係の役割、クラブ活動、給食、中庭等々、たくさんの要素があります。それらの中でひとつでも自分を活かすことができ、楽しめるものを持てていれば良いのですが、残念ながらそうではない場合もあります。

　大なり小なりプレッシャーを感じつつ、それらに向かい自分にもできることがある、何とかなる、と思えることができていればよいのですが、何らかの問題がありなかなかそうもいかない。そのような状態の子どもは、自己効力感を持てない、自尊感情が低くなっている、つまり勇気をくじかれている状態であると言えるでしょう。そのような子どもを勇気づけ、エンパワメントの関係を持てるようなニーズを引き出すアプローチを見出していきたいものです。

全体論

　個人は分割できない一つの全体である。

　一つの事象のみにとらわれないこと、一つの事象は全体の中の一つでしかないのであって、大きな広い多角的な視野でとらえてみてアセスメント（見立て）をしていくのです。子どもの表面化している課題（現象）は、様々な要因が重なり合って出ているサインであると捉えて対応を考えます。そのため、その様々な要因がどこから来ているのかということを、しっかりと見立てる必要があります。

その見立て、つまりアセスメントを事実からしっかり紐解いていく作業を丁寧に行い、支援のプランニング（手立て）につなげていきます。現象の要因を捉えるためには、子どもの全体をみていくこと、そのためには子どもが持っている背景を知ることも大切です。現象の対応に右往左往をして、場当たり的な対応になってしまわないためにも、しっかりとアセスメントを行える体制づくりをしていきたいと思います。

スクールソーシャルワーカーとしての実践

学校におけるチーム対応
　文部科学省（2016）は、学校が複雑化・多様化した課題を解決していくためには、学校の組織としての在り方や、学校の組織文化に基づく業務の在り方などを見直し、多様な専門性を持つ職員の配置を進めること、「チームとしての学校」を作り上げていくことが大切であると言っています。
　そのためには、現在、配置されている教員に加えて、多様な専門性を持つ職員の配置を進めるとともに、教員と多様な専門性を持つ職員が一つのチームとして、それぞれの専門性を生かして、連携、協働することができるようにすること、また、管理職がリーダーシップをとり、教職員の役割分担や働き方の見直しを行うことも必要である、とのことです。
　つまり、学校で起こる子どもに関わる様々な課題を解決し、その成果を上げるためには学校の中でチーム体制を構築し、教職員が連携することが大切であるということです。

第7章　SSWが行なう不登校支援についての考察

　そのようなことから、平成27年12月の中央教育審議会「チームとしての学校の在り方と今後の改善方策について（答申）」等を踏まえ、「学校教育法施行規則」の一部を改正（平成29年4月1日施行）し、スクールカウンセラー及びスクールソーシャルワーカーについて、「スクールカウンセラーは、学校における児童の心理に関する支援に従事する」、「スクールソーシャルワーカーは、学校における児童の福祉に関する支援に従事する」と同規則に職務内容を規定しました。

スクールソーシャルワーカーに求められること
　スクールソーシャルワーカーは教育と福祉の両面に関して、専門的な知識・技術をもち、問題を抱える児童生徒が置かれた環境への働きかけや、関係機関とのつなぎ役をすることを求められています。また、学校内のチーム体制の構築と、それに対して助言するなどの支援を行い、保護者からの相談なども受けつつ、学校において教育活動が円滑に行われるようにサポートし、さらに、子どもの最善の利益を守るために活動しなければならないというのです。
　組織の体制づくりといったことから、個人のニーズに沿った支援まで、多岐にわたるとても高度な技術と思考が求められているといえるのかもしれません。

　「心を導くためには、その働きを知る必要がある。そして、心とその働きを知っている人は、心をより高くより普遍的な目標へと向けるために知識を用いないわけにはいかない」（岸見　アルテ　2013）。この、アドラーの言葉に勇気づけられながら進めていきた

いと思います。

　支援のスタートライン
　学校で支援をスタートさせるのは、子どもや保護者から困り感の発信があった時や、教職員や周辺の人々の気づきがあった時などです。でも、「こんなことで困っている」「一緒に考えてほしい」「助けてほしい」というように、いつもわかりやすい形でその支援のニーズが示されるわけではありません。また、「後で思えばあの時……」というように、早期のサインに気づくことができず見逃してしまうということもあります。
　発信された困り感、またはそのサインを逃さずキャッチすること、気づきを持てるセンスを磨くこと、は必要な支援の早期発見、早期の対応のスタートに欠かすことができないと考えます。

　人権意識を持って、知識やスキルを身に付け、つながる力を持つ
　支援者は、その力量を高めクライエントにより良い援助をするために、たくさんの知識やスキルを学ぶこと、そして人権意識を持つことが大切です。人権というのは、人の持つ力であり、生まれながらにして持っていて、人が生きていくためになくてはならないものである、誰からも侵害されてはならないものと学んだことがあります。
　実際の支援の場では、一部分を見るだけではなく全体像を見てとらえアセスメントし、過程の中では、無理をしすぎないスモールステップのプランニングを意識して、どのように援助を進めるかを考えていかなければなりません。

また、司法や行政、福祉や心理など様々な機関とつながりを持ち、協力関係をつくることもとても大切です。様々な場面で起こる力関係、暴力、それによるマイナスの影響は数え切れないもので、学ばなければならないことには限りがありません。それらに関わる法律等も徐々にではありますが整備が進み改正されていっているため、新しい知識もどんどん取り入れていく必要があります。

 でも、そのようなことを支援者の一人ひとりがすべてを行っていくには限界があるでしょう。そのため、自分のできることの限界を知り、協力できる関係機関との連携が大切になってくるのです。

 それは、ひとりの力を何倍にも生かし、支援の可能性を広げていく、つながる力です。

アセスメント・プランニングを意識したケース会議を持つ

 アセスメント（見立て）→ プランニング（手立て）→ プランの実行 → 評価・分析（見直し）→ 改善が必要な場合 再アセスメント → 改善プランの実行 → 評価・分析（見直し）

 このようなサイクルでケース会議を実施し、支援方法等を考えていきます。

 これは、いわゆるP（Plan、計画）D（Do、実行）C（Check、評価）A（Act、改善）サイクルとかS（Survey、調査）PDCAサイクルといわれるものと同様で、ケース会議を行い学校組織として対応を考える時に参考にされる手順です。

 あくまでも、個別のニーズを尊重しながら、小さな変化をもたらすためのプランを立てていきます。スモールステップのプラン作り

です。

アセスメント「見立てをする」

明らかになっている事実や、そこから受けている影響を見つつ、それぞれにとらえて状態を見立てます。これは子どもが受けている影響を理解するもので、「なぜ、そうなのか」を考え、現状とそこに至る経緯の見立てであって、その家庭や子どもに対してレッテルを貼るためのものではないということを肝に銘じておきたいと思います。

そして、ここで注意したいことは、しっかりと事実に基づいたアセスメントをするということです。このアセスメントに基づいてプランを立てるわけですから、これまでの支援経験等からの想像であってはいけません。アセスメント自体が推量であるのに、その推量が事実から得たアセスメント（見立て）でなく、想像から得たものであると、ニーズに合った支援になるどころか場当たり的な対応や、良かれと思ってしたことが裏目に出るような結果になってしまう恐れがあるからです。

子どもが抱えているものとして、個人の問題なのか、人間関係など集団の問題なのかという見方があります。それぞれにどのような事が想定できるか、ということを丁寧に見ていくこと必要があります。

身体に問題はないか、何か病気がないか、心の問題はどうか、社会・環境はどうか、家庭での保護者の状態・想いはどうか、背景に虐待（ネグレクト）・経済的問題はないか、学校は安心できる環境であるか、

第7章　SSWが行なう不登校支援についての考察

友人関係・教師との関係はどうか、地域ではどうか、家族は孤立していないか等々、様々な角度と視点からアセスメントを行ないます。また、その作業の中で、直接のきっかけやきっかけが起こった理由、状態が継続してしまっている理由など、それぞれに意識を向けてみることも、アプローチしていく上でとても参考になるのではないかと思います。

(事例) から考える

保護者が仕事で帰宅が遅くなることが多く、最近、欠席日数が増えてきたＡさん。

心配した担任の先生が電話連絡を入れると、保護者からは「朝、一旦は目を覚ますのだが、布団から出てこない」といった返答がある。

Ａさんの欠席理由としてどのような事が考えられるでしょうか。

ここで、事実として明らかになっているものとは、以下等が考えられます。

①保護者が仕事で帰宅時間が遅くなることが多い。
②担任が電話連絡を入れる。
③保護者は、担任の電話連絡に対応できる。
④Ａさんは朝、一旦は目を覚ますが布団から出てこない。

そこからアセスメントすると、
a．Ａは朝起きられない体調不良を抱えている。

b．Aは学校生活に何らかの問題があり不安を抱えているが、保護者が忙しいため誰にも相談できないでいる。
　c．保護者が仕事に追われ、子どもの養育ができていないので、Aさんはゲームやインターネットへの依存傾向が強くなり夜寝るのが遅くなってしまっている。
　d．Aは保護者を心配して、保護者が帰宅するまで夕飯を食べたり、就寝することができない。
　e．保護者の帰宅が遅く、夕食の時間が遅くなるなど、生活のリズムが崩れ就寝も遅くなり朝起きられない。
　f．保護者が仕事に追われ、子どもの養育が十分でなく起床の声かけや世話ができない。

等々が考えられるでしょう。

　課題解決の手がかりとなるものを見つけるために、状況をアセスメントするには、先にも述べたように、例えば、身体の問題や心理的な問題、学習・発達課題の問題はないかなど、子どもが抱えているかもしれない様々なものを手がかりにします。
　その際、バイオ（bio、身体）サイコ（psycho、心理）ソーシャル（social、環境）アプローチという、三つの側面から捉えてみていくという考え方を参考にしたいと思います。
　バイオ、サイコ、ソーシャル、この三つの側面はそれぞれが関連しあって複合的に作用し、現状をつくりだしていると言われています。三つの側面のそれぞれについて見立てた上で、どのような作用が起きているのかを考えていくと良いのではないかと思います。

第7章　SSWが行なう不登校支援についての考察

　また考え取り組む順序も、バイオ→サイコ→ソーシャルの順が良いでしょう。子どもが示す身体症状の中に、朝起きられない、お腹が痛い、頭が痛い、眠れないなどといったものがあります。それらが甘えや逃避からくる不定愁訴ではないかととらえられ、受診を発想しないということもあります。そのため、身体の疾患や精神疾患、発達の課題等があるということを見落とし、対応が遅れてしまうことも少なくありません。また、バイオ（身体）から、という考え方は、子どもが「発信したことを、しっかり受け止めて聴いてもらえた」という実感を持てるといった、ケア的な観点もあると考えます。

プランニング「手立てを考える」

　次に、そのアセスメントに基づいて、プランを立てていきます。

　課題解決や改善に向け子どもに必要なプラン（手立て）を具体的に考えるということで、個別のニーズを尊重しながら変化をもたらすためのスモールステップによる具体的な目標の設定をします。

　目的を明らかにさせ、何のために、誰が誰に対して、いつ、どのような方法でというように、具体的な手だてを考えていきます。このときに大切にしたい視点は、弱い部分や足りない事ばかりに目を向けるのではなく、ストレングス（強み）を発見することです。弱い部分を補うことだけでなく、強みに働きかけ、できる事を増やすという考え方です。

　他にも、現状では事実がはっきりしないためにアセスメントができないという場合、実態を確認するための情報収集のプランを立てることがあります。それは、あくまでも目的を持った情報収集であり、重なり合った要因のそれぞれから情報を集める手立て

を考えます。
　上記の事例についてもa〜fのアセスメントに対して、それぞれにいくつかのプランを立てていくということです。

　評価・分析（見直し）
　ここでも注意したい点は、アセスメントは事実に基づいてなされているけれども、あくまでも〈仮説であり推量であることを意識する〉ということです。そこから導き出したプランは上手くいかなければ、アセスメントが違っているのかもしれないと疑ってみることも必要だからです。
　アセスメントは丁寧に行なわなければいけませんが、あくまでも推量するということですので、間違えてはいけないという気持ちから、慎重になりすぎるのもストレスがかかります。実行したプランが上手くいかなければ、恐れずアセスメントし直すという柔軟性を持つ勇気も持ちたいと思います。ただし、しっかりと見直しをすることが条件です。

おわりに

　筆者は、これまで幼稚園から高等学校まで様々な教育現場においてスクールカウンセラーやスクールソーシャルワーカーとして、児童生徒、教職員、保護者の支援を行ってきました。子どもの権利に関わる市民活動をきっかけに、学校や保護者のエンパワメントの必要性を感じ、一人でも多くの子どもが安心して学校生活を送れるようにと思い務めてきました。

第 7 章　SSW が行なう不登校支援についての考察

　当初は、スクールカウンセラーとして活動してきましたが、子どもを取り巻く問題は、背景にある環境に働きかけることが有効であるという学びから、学校の中に福祉的な視点を入れ支援するスクールソーシャルワーカーとして、学校を中心とした教育現場で福祉分野の専門職として働いています。

　学校で出会う課題は本当に多岐にわたり、視点の持ち方によっては捉え方も様々になります。社会状況や子ども・保護者の変化により様々な問題が山積しています。例えば、学校不適応行動といわれる「いじめ・不登校・暴力行為」や発達障害を含め特別な教育的支援を必要とする児童生徒の増加、虐待問題・経済的問題を抱えた家庭、過剰な要求をしてくる保護者の存在などです。家庭環境、発達の課題、対人スキルの不足、子どもを取り巻くそれぞれの家庭の抱えている課題は限りがなく、学校と対立関係になっている場合なども少なくありません。

　スクールソーシャルワーカーとして支援プランを立てる中で、最も慎重に意識していることは、子どもや保護者、教職員に対してとにかく孤立させない、孤立感を持たせないということであります。孤立は、無力感、不安感、見捨てられ感を生み、自分を守るための防衛反応として攻撃を生みます。そうなると関係性がどんどん不安定になっていき、支援関係や協力関係がとれないくらい困難な状況に陥ってしまうということを実感しているからです。もちろん時には指導的で、一見対立的になるような対応をしなければならない時もありますが、それでも支援を続けなければなりません。

　社会問題でもある子どもの虐待などの家庭環境の課題、子どもの発達の課題、子どもや大人の対人スキルの課題などから、学校と対

立関係になっている場合などもあり、対応が複雑化してきていると感じることも少なくありません。今後、ますます多様な人材によってチーム対応が汎化され、子ども支援が進むことを期待し、私自身もその一端を担っていけるよう学び続けたいと思います。

【文献】

Adler, A.（1970/1930）*The Education of Children*. Gateway.（岸見一郎訳（2014）子どもの教育. アルテ）

内閣府（2017）子供・若者白書.

広沢郁子（2018）子どもの不安の現れ方. 教育と医学 No.778.

日本スクールソーシャルワーク協会編 山下栄三郎・内田宏明・半羽利美佳編著（2008）スクールソーシャルワーク論. 学苑社.

箕口雅博編（2016）コミュニティ・アプローチの実践. 遠見書房.

山野則子・野田正人・半羽利美佳編著（2012）よくわかるスクールソーシャルワーク. ミネルヴァ書房.

第 8 章　不登校の理解と支援

　　　　　　　　　　　　　　　　鈴木　義也

不登校という問題

　不登校は重大な問題である。憲法第二十六条の第一項には「すべて国民は、法律の定めるところにより、その能力に応じて、ひとしく教育を受ける権利を有する」とあり、第二項には「すべて国民は、法律の定めるところにより、その保護する子女に普通教育を受けさせる義務を負ふ」とある。

　子供は教育を受ける権利と、保護者が子供に教育を受けさせる義務の両面から保証されている。教育に関して、子供は権利を持ち、保護者には義務がある。

　教育は国民の3大義務である「教育、勤労、納税」のひとつである。不登校で教育の義務が遂行されないなら、その先の勤労や、それに付随する納税の義務も果たせなくなる可能性が高くなる。

　また、不登校は教育基本法の第一条で、「教育は、人格の完成を目指し、平和で民主的な国家及び社会の形成者として必要な資質を備えた心身ともに健康な国民の育成を期して行われなければならない」と述べられている教育の目的を達成することにも支障をきたすことにつながる。このような意味で不登校はゆゆしき問題である。

不登校のジレンマ

　一方、子供の側からすると、教育を受けることは義務ではなく権利なので、その権利を拒んだり、放棄することも可能であると解釈できる。不登校において、教育を受ける権利は行使されていない。ただ、義務ではないので強いるわけにはいかない。登校を強制することには法的裏付けがない。もしも義務であるならば、強制的措置を取ることができるが、権利なのでそこまではできない。不登校の児童・生徒の権利を保障しつつも、教育の義務を遂行しなくてはならないという二律背反の構造なのではないだろうか。不登校はそういうジレンマの中で生じている。

　子供は不登校の権利を行使するかどうかの自由を、法的にも現実的にも持っているが、大人は教育を受けさせる義務を放棄することはできない。大人は登校させることを諦めてはならないのだ。

　このように、不登校は子供という一個人の問題だけではなく、家庭もしくは学校の義務と責任の問題であり、ひいては、子供と保護者の両者に関わる矛盾を孕んだ社会の問題である。不登校の難しさは、このような構造に由来している。

不登校が開く教育の多様化

　上記のように、憲法は教育を受ける権利と義務を保証しているが、教育をどこで受けるのかという具体的なところは、教育基本法に委ねられている。教育の場は、大きく家庭教育、学校教育、社会教育

に分けられるが、義務の対象は学校である。

　学校は既存の学級だけとは限らない。学校内に設置された不登校や補習のためのクラスや、教育委員会がおこなっている通級学級や、民間による通信制等も正式な学校教育としてみなされるものとして拡大解釈されてきた。

　さらに進んで、2017年施行の「義務教育の段階における普通教育に相当する教育の機会の確保等に関する法律」は、学校に通うということよりも、児童生徒個人の権利と意思の尊重を重視する姿勢を打ち出して来ている。具体的には、不登校であることで保護者や子供を「追い詰めることのないように配慮」（付帯決議一）し、さらに、「不登校が当該児童生徒に起因する」とか不登校が「問題行動であると受け取られないよう配慮」（付帯決議二）して、「いじめから身を守るために一定期間休むことを認める」（付帯決議四）ようになった。これは「いじめがあっても学校は休んではいけない」と思い込んでいじめを受け続けてしまう悲劇を減らすことや、不登校は問題行動だという社会的プレッシャーから生徒や保護者を守るものであるように思われる。

　冒頭に筆者は不登校は問題であると述べたが、いじめ回避によるものは問題どころか必要な対処であり、画一的に問題だというレッテルを貼ることは当然のこと慎むべきである。ただ、上記の指針を踏まえつつも、社会は不登校を問題として丁寧に扱っていく必要はある。不登校を問題ないものだと不問に付すことは、不登校という現象で苦しんでいる関係者を見捨てることにつながる。

　このように、状況によっては学校を休むこともありとなったわけだが、学校教育を受けなくてもいいとなったわけではないことに注

意されたい。今回の法改正では、「個々の不登校児童生徒の状況に応じた支援が一層適切に行われるよう」という通知もなされている。不登校はやむないがそのまま放置してはいけませんよ、何かしらの支援をしてくださいね、というメッセージを感じる。不登校への対策を練らなくてはならないわけだ。

　ちなみに、海外では親が家庭で子供に授業を施すホームスクーリングも正規の教育として認められているが、まだ、日本では学校に通うことのみが「就学義務」とされているので、諸外国のような家庭での教育は「教育義務」は果たしていても「就学義務」は果たしていないとみなされている。

　今回の法審議では、フリースクールや家庭など学校以外の場での学習を就学とみなす案は見送られた。今後、日本が米国のように私的なホームスクーリングを公的教育の一環とする方向に進むかどうかは今後の国民の議論に委ねられているが、現状では義務教育は学校を柱とすることには変わりはない。

　このように、不登校は既存の学校教育を揺るがし、多様化した教育形態や新たな教育機会を切り開いてきた。そういう意味では、あながち不登校を否定的なものとしなければならないわけではない。

　不登校は、いじめから身を守ることであったり、教師による差別やパワハラを回避する行動であったりもする。その点では、いじめが根絶され、本当に安心して通う場になっていないことを身を呈して示している徴候だと真摯に受け止め、不登校がなくなるような教育現場になることを目指して進み、不登校への多様な支援を充実させていくことが必須であると言える。

第 8 章　不登校の理解と支援

アドラー心理学的な不登校理解

　それでは、アドラー心理学的スタンスでは不登校をどのように捉えているであろうか。

　基本的には不登校は否定的に理解されている。アドラー心理学は、共同体感覚といって集団において生きることを志向している。また、仕事（学業）や交友の課題といって、仕事や友人との関係が充実していることをも志向している。これらのコンセプトからすると、不登校は共同体感覚に欠け、仕事や交友の課題に取り組むことを回避しており、何らかの不適切な世界観や目的をもっている状態だということになる。このように不登校は不適切な目的をもった行動、勇気や共同体感覚が欠如した行動という理論が適用され、ネガティブな認識となっている。

　不適切な行動には①注目、②権力、③復讐、④無力提示の 4 種類の目的があるというのがアドラー心理学の通説だ。どの目的をもってしても不登校はなしうるが、一般的には④の無力提示が当てはまることが多い。不登校を通して、こちらに対して無力感を感じさせてくるもので、消極的行動によって広い意味で①の注目を求めているとも言える。

　しかし、これらの理解はともすると個人のみに責任を帰すことに適用されがちである。個人を追い詰めるために用いられてしまうことがないような注意が必要である。それではその人の勇気を削ぐことになってしまう。個人への対処はとにかく暖かく関心を向けて接し、大量にエンカレッジすることである。アドラー心理学は不登校に対して、断罪するようなネガティブな態度で臨むものではないこ

とは大いに強調しておきたい。むしろ、不登校から脱却するために、その家族と関係者に対して、暖かくポジティブに応援するというエンカレッジの姿勢で相対するものである。

不登校への多様な支援

担当教員への支援

著者は教育委員会から教員への個別コンサルテーションに招かれたことがある。不登校を抱える担任の先生に順々に個別に1時間ずつお会いするという形式であった。これは不登校の事例検討を通しての担任への支援である。

担任は保護者と同じように、基本的には自分一人で不登校の生徒に対処しているのでやや心細いという状況が多い。同僚や先輩に話してはいても支援を受けているというほどではないことが多い。教員は保護者と比べると同僚や上司やスクールカウンセラーなどのコンサルテーションを受ける機会を持ちうるのだが、それをどの程度利用するかは個々の教員によって異なる。担任は一国一城の主ですべてを自分で対処しなくてはならないという文化から、あまり相談しないことも少なくない。また、周りの教員も知ってはいてもあえて他人のクラスのことに口を出すことを遠慮することもある。

不登校の相談を筆者にしに来てくださる担任の先生には新たな施策の提供ができるようにと心がけている。とはいえ、提出される事例は一筋縄ではいかない難しいものばかりである。著者のアドバイスのポイントしては、教員、生徒、保護者のうちの誰かが問題だと考えられたとしても、誰をもエンカレッジするようになることに留

意している。

まずは、担任と話し合いながら、状況を査定するアセスメントを十分におこなうことが大切である。状況をゆっくり考える、状況が見える、状況を見直すことは助けとなる。

その上で、できる限り新たな視点や新たな作戦を提示するように頭を絞っている。その状況でサポートをしてくれる人を必死に探すことを心がけている。「サポーター探し」である。もちろん、生徒や保護者を理解する新たな視点も提供するようにしている。どれが正しいというよりは、またひとつ別の見方をすることで、硬直化した認知や関係性をほぐしたいからである。例えば、不登校では問題を取り上げられて「困った子」とみなされるのが普通であるが、いいところやできているところを取り上げて、「取り組んでいる子」「長所を持つ子」「やさしい子」などの肯定的認識を示していく。

そして、相談に来ている教員本人をエンカレッジすることが最も大切である。動かなければならないのは先生だからだ。

このように、多面的視点を広げつつも、中心となる教員を支援して、少しでも希望を増すことを意図している。

教員へのコンサルテーションに際して筆者がよくおこなう助言を列挙しておく。

- 状況把握と査定：教員に問い話し合いながら状況を描写し、こちらの理解や解釈を伝える。社会性（対人関係）、学業、友人、親子、私生活など多様な面を見る。能力、コンプレックス、動機付け（親も含めた教育に対する意欲や危機感、社会背景）など。
- 教師への支援：教員ひとりで抱え込まないようにする。同僚や

ベテランや管理職に相談を促す。

・支援体制を組む：まずは親との協力体制だが、様々な関係者を加えたチームを作る。教師ひとりが親子を相手にするという体制ではなく、学校が親と協力して子どもを支援するという形にもっていく。不登校の生徒を受け止められる受け皿を作る。

・必要なら親への支援体制を組む：子供より先に親へのサポートをする必要がある場合もある。外部機関（病院、児童相談所、警察）との連携なども含める。

・支援ミーティングを開く：学校スタッフの合同会議や家族を加えた合同会議などを開く。

・親と教師の情報交換を促す：まずは情報が必要。

・親と教師の合意形成：支援体制において、何をどのようにしていくのかを相互に理解し合意しておく。

・子どもに合った目標設定：長期的未来像を描く。卒業後はどうするのか。将来どの程度になったらいいのか。最低でもどのくらいのことができるようになっていたらいいのかを保護者と話し合う。

・登校に向けての仕掛け作り：クラス、クラス外、友人などの協力を仰ぐ。ただし、教師の圧力でいやいや家庭訪問させるなどは逆効果である。

・得意分野を拡大する：部活や趣味や習い事なども活用する。不登校でも部活には来る生徒もいる。

・学業への支援：学級への登校が難しければ、勉強だけしにくることを提案する。塾や家庭教師なども可能なら利用して学力不足による落ちこぼれを防ぐ。

・代替案：学校に来ないなら代わりの課題を出す。選択肢から選

第 8 章　不登校の理解と支援

ばせる。

• 健康な学級を作る：クラスの雰囲気や友達次第で戻ってこれることがある。

学級への支援

筆者は 2018 年秋に、「これ 1 枚で学級の問題が解決できるエンカレッジシート」(学事出版)というものを共著で出版した。これは現場の先生方の実践から生まれたアドラー心理学に基づく日本のオリジナル技法である。それはクラスを持つ担任向けに、学級の全生徒を対象としておこなうワークである。詳細は拙著をご覧いただきたいが、簡単に言うと、何らかの問題に関してエンカレッジシートという紙に個々の生徒の意見を書いてもらい、それを担任が集計して廊下に張り出すという単純な作業である。これだけのことなのだが、学級に大きなコミュニケーションと変化をもたらすものなので、ぜひ担任の先生には使ってもらいたい。エンカレッジシートはいじめに起因する不登校を再登校させる実績などが報告されている。

不登校対策は後手に回るほど難しくなる。学級が不登校の原因ではない場合もあるが、学級でこのエンカレッジシートを実践することで、不登校を生まないような明るいクラス、不登校になっても戻ってこられるようなクラスにしておく予防的な取組みになる。予防は結果が見えにくいもので、不登校から何人戻ったかは数えられるが、不登校を何人防いだかは数えようがない。しかし、助け合い協力しあうクラスではいじめや不登校は生じにくいことは自明である。エンカレッジシートはそのような学級の土壌を作るものである。

不登校の保護者への支援

　保護者への支援は教員への支援とかぶるところが多い。ポイントは以下の3点である。

- 状況把握と査定
- 保護者への支援
- 保護者も含めた支援体制作り

　状況把握は孤立しがちな保護者の話を聞くことで気持ちを楽にさせる効果があるし、状況や子供を査定することは、立ち位置の定まらないような気持ちでいる保護者に安定感をもたらす。

　保護者への支援は勇気をくじかないように応援することであるが、時に、保護者の子供へのコミュニケーションが問題だと感じた時には、心理教育的によりよいコミュニケーションを具体的に伝える。親子だけでいると、言葉使いがとんでもなく粗暴であることがままある。それが文化で子供が気にしていなければかまわないのだが、心の繊細で優しい弱い子だと勇気が削がれていることがある。そういうときは、親が丁寧で優しい言葉のボキャブラリーを増やせるようにお手伝いする。「早くやれ！　ボケ！」よりは「そんなに待たされるとお母さんは困ちゃうな」と言うほうがましである。

　時には、保護者自身の事柄のカウンセリングになることもある。これには3つの側面がある。ひとつは、不登校を家庭に抱えていることの大変さを支えることである。具体的には、次のサポート・グループを見ていただきたい。

　二つ目は、不登校の子供とのコミュニケーションの促進及び改善である。これはお互いがより気持ちよく家庭生活を送るためと、子供の勇気をくじくコミュニケーションを回避するためである。

三つ目は、子供とは離れて親個人が抱えている問題に対処することである。不登校とは全く関係がないように見えるが、親の個人的問題が軽くなれば子供への接し方も変わることが多い。何より親が個人的感情を吐露し、気持ちを軽くすることが大切である。親は自分が育てられた良くないパターンを、自分の子育てに繰り返してしまっていることが往々にしてある。このことに気づき対処することは、時として大きく親を変える。同居している親が変われば、子供も変わるようになるのだ。

家族へのサポート・グループ

著者は不登校の生徒を持つ親御さんを集めたグループをおこなっていたことがある。初期段階ではなく、かなり長期化、固定化した不登校の親へのサポートグループであった。グループセラピーでも心理教育でもなく、自由に話してもらうという形態であった。

まず、真っ先に挙げられる意見は、不登校の保護者は、これまでこのような同じ不登校の他の親と会ったことはなかったというものである。このことだけからしても、いかに不登校の保護者が孤独な立場に陥っているかがわかる。学校や病院もあえて不登校の親同士を引き合わせたりはしないので、なかなか親同士が会うことは少ない。子供がフリースクールなどに通っていれば自然と親同士も知り合えるが、そうではない場合は機会があまりない。

次に多くうかがったお話は、自分の子供が不登校であることで、親本人は多大なプレッシャーを受けているということである。このことも十分に親支援に値する。不登校は親が悪いという原因論が世間には多く、接する人々の言葉の端々から、親に責任があるという

メッセージが発せられている。これはもう偏見という社会的圧力に晒されるのと同じである。不登校が長期に渡れば、親も長期に渡ってこの偏見を浴びて疲弊していく。

親が子供を手放さないからだとか、親が子離れできていないからだなどというステレオタイプな指摘もやってくる。確かに、それが該当する場合もあるが、すべてがそうではない。特に、子供が病弱な場合など、親の態度は全く関係がない。

さらに、そういう偏見を直接受けなくても、親自身が自分を責めるという自責の念にかられてしまうということも起きている。これも大変辛いものである。

親へのサポートグループは親にはプラスになると考えている。ただ、そのグループに出たからといって不登校が必ずなくなるということは期待できない。それは不登校を治すグループではなく、不登校を支える親を支援するグループだからである。不登校を改善することよりも、不登校を支える親を支え、少しでも負担を軽減することが目標なのだ。

自助グループも可能ではあるが、そういうグループを個人が立ち上げることがたやすくないのと専門家が入っている方がグループの秩序が保たれやすいことなどから専門家を交えたサポートグループが望ましい。学校、病院、民間とどこであれ、このようなサポートグループを随所に配置して保護者がアクセスしやすくしておくことが必要なのではないだろうか。今後の取組みが期待される。

不登校の生徒への支援

不登校は現代の子供達に降りかかるあらゆる類の問題を含んでい

第8章　不登校の理解と支援

る。だから、一口に不登校と言っても、その袋の中身は様々なのだ。

子供自身のこととしては、発達障害、知的問題、不安等の精神疾患、心身的問題、身体的問題などがある。親子関係では、上記のような問題を親自身が抱えていたり、そこから来るものも含めて各種の虐待や精神的悪影響により、親子関係が子供の生育に歪みをもたらしている。さらに、社会的関係では、貧困、社会的階層、社会的弱者、マイノリティ、反社会的所属集団などの問題がからんでくる。これらの足し算や掛け算として問題が形成されてくる。

このような目立つ陽性の問題ばかりでなく、目立たない陰性の問題もある。それは問題があるというより、社会と関係性が築けないという問題である。つまり、助け合う関係、助けてくれる人、気にかけてくれる人がいないという無縁による孤立化の問題である。

エコマップという生態環境図を大学生に書かせると、いかに関わりという縁がないかに自分たちが気づいて驚く。親の会社名も知らないし、家とバイトと大学以外の世界と言えばネットだけである。不登校の関係者も同様に孤立化している。かえって、明確な障害があって医療や福祉を利用している家庭の方が様々な支援を受けている。

とにかく、過去にあったような共同体が機能しない現在は人工的に支援の仕組みを作るしかない。しかし、それは多くのマンパワーと時間と予算を要するものである。できるところからするしかないが、社会の中の教育や行政や市民団体などがそれぞれ経済的な後ろ盾を備えて持続可能となる仕組みを作ることが望まれる。善意の人の手助けが少なくなり、あってもそれだけではもう手が回らなくなってきている。不登校を生む社会を変えていかなくてはならない。

不登校はもう待った無しで溢れつつあるからだ。

不登校の児童・生徒とのカウンセリング

待ちの体制であるカウンセリングでは、不登校の子供が来談してくれるだけでありがたい。不登校は来てくれないことが多く、代わりに親との面接をすることが多いからだ。カウンセリングに来られること自体がある程度の健康の証である。実際、来談する不登校の生徒の多くは、意外なほど明るく元気なので拍子抜けする。親に連れられて来る人も多いが、自分一人で来られる人もいる。そういう人の予後は悪くないことが多い。

まずは、その若者の問題を詰問するのではなく、趣味や関心などの楽しい話題を取り上げることでラポールを形成する。そうやって話を聞いていくと、元気で力もあるのだが、どこかに著しく拒否的な項目があり、それが不登校につながっていることがわかってくる。例えば、仲良しと二人では話せるが三人以上になるとだめだとか、あの担任になってから不登校になったとか、何々が嫌なので行かないという話が出てくる。

クリニックにおける不登校のカウンセリングについては、『思春期・青年期支援のためのアドラー心理学入門』（鈴木, 2017）に事例と共に述べたが、身を守るための退避行動というよりは、「強い意志を持った子どもならではの主張」（鈴木, 2017, p154）で、不登校という言い方の前に使われていた「登校拒否」という言葉の方がぴったりする。この拒否感が重要である。拒否をもたらす事柄に対処できれば登校できる可能性もあるが、それが力強い反抗のようなものではなく、強いアレルギー反応のようなものだと難しいことが多い。

いずれにせよ、「登校拒否」をしてアウトサイダーにあえてなっているのは強さなのである。

一方、「不登校」は登校拒否のようなエネルギーはなく、全般的にパワーレスである。学校を拒否する力はなく、学校に行くまでの水準に達していないような感じである。しかも、それは複数の問題を土台としているためかさ上げは容易ではなく、カウンセリングの成立自体も危うい傾向にあるので親との関係維持が欠かせない。これらは家庭より学校の居心地が悪いから行かないというぬるま湯タイプで、突っ張ってアウトサイダーになっているという自覚はなく、ただ嫌なところには行きたくないという自分の快と不快に正直なタイプなのである。

カウンセリングへの内発的動機づけがない場合も多いので、外発的動機づけとして、カウンセリングを授業として算定することや、企業の休職時の対応のように定期的な診察やカウンセリングやデイケアへの出席を義務づけるような教育との連携強化策があるとよいのではないだろうか。スクールカウンセリングだけでなく、一般のカウンセリングも不登校対応の体制に組入れることでカウンセリングの機会に触れやすくなるだろう。

不登校のその後

不登校だった生徒の20歳時の「不就労・不就学」は約2割という調査がある（森田, 2007）。この厳しい現実を踏まえつつ、あえて逆の視点で言えば、不登校の8割は20歳で就学し就職していると見ることもできる。

一旦不登校になると、まるで不治の病いのように引きこもりに

なってしまうと思いがちだが、不登校後に登校している数は少なくない。不登校をしても大学に進学してくる者の数は多い。小中高と完全不登校だった大学生もいた。その学生は大学は出席しストレートに卒業していった。中高丸々不登校でも大学にはきちんと来ている人も多く見かける。不登校の経験をしたために、心理学を学びにきたとか、カウンセラーを志したという人もたくさんいる。小中高でも学校を変わると不登校から回復したというのはよくある話である。

　だから、そのとき不登校であっても、次の環境では不登校にならずに学校生活を展開できる可能性があることを念頭に置いておいてほしい。今すぐ、こちらの思うようにならないと焦らずに、変わる可能性と希望があると考えたい。

　不登校は当人と学校のミスマッチだと考えることもできる。だから、当人と学校の両方の要因が関係性というマッチングの中で起こしている相互作用のひとつの結末である。とすれば、別の学校という別のマッチングに期待することができる。

　長い目で見て、そのときは不登校であっても次があるし、その子供に合った別の人生が考えられる。不登校をしている当時は、あまり気持ちが整理されていないし自覚できないが、年単位ではあるが不登校後にある程度時間が経って上向きになっていくことはよくあることであるし、そうなるように期待していきたい。機が熟すのを待つということも時には必要である。

インクルージョンのためにアドラー心理学ができそうなこと

　森田（2007, p378）は、社会の「私事化」が進むことで、弱者や

被害者の差別が注目され、個人の権利が尊重される一方で、共同体が瓦解していくために、個人は集団や組織から守ってもらえない「リスクの個人化」が高まっていると述べている。

「私事化とは、社会が近代化していく過程で、人々が共同体の呪縛から解き放たれ、〈個人化〉していく過程であり、人々の意識においても、〈公〉重視から〈私〉尊重へと転換がはかられていく過程である」（森田, 2007, p378）

「いじめ、不登校、高校中退、あるいは校内暴力や犯罪・非行などの問題は、従来からの問題群でありながら、私事化の進行という今日的な状況のなかで、より深刻な様相を帯びて来ている。それは、社会とのかかわりや人間関係が薄れたり、共同性の解体という、まさに私事化の歪みの部分から立ち現れてきているものでもある」（森田, 2007, p398）

私事化が進めば、アドラー心理学の言う共同体感覚が希薄な社会となり、それは孤立と疎遠と無縁の社会となっていく。それは人が容易に共同体からこぼれ落ちていく社会である。

ゲームやネットとの関わりは一見人との関係性ができるかのように思われるが、私事化を推し進める偽りの共同体感覚を生んでいる。それは本人を本来属すべき共同体からどんどん引き離し、不登校の孤立からは救ってくれない。もちろん、ネットは使い方次第だから、有益な関わりもできるが基本的にはマイナスが多い。不登校の深刻化はゲームやネットに没頭することと比例している。

「個人が問題を抱えた場合には、一方では、従来試みられて来たように問題の原因や現在の状況に対して適切な措置を講じていくとともに、一方では、児童・生徒とその家族の置かれた状況のなかに社会的孤立したり沈殿していく要素を見出したり、あるいは排除されていく状況を見出し、その状況に対して支援を推し進めるために、社会のさまざまな団体や機関の資源を動員したり、住民や子どもたちが相互に支え合うためのネットワークを形成していくことが、以前にもましてより強く求められてきている」（森田, 2007, p398）

個人の問題を個人の問題としてのみ見るのではなく、社会的文脈の中で、共同体の中で起きている孤立として見ることが重要である。それはアドラー心理学の視点であり共同体感覚の問題である。

　「このように、さまざまな問題のなかに、〈社会的に排除・孤立した状態〉を見出し、〈これに対して包み支えあうための方策〉を講じていく社会的な対応原理を〈ソーシャル・インクルージョン（social inclusion）〉と呼んでいる」（森田, 2007, p398）

この社会的包括のために、アドラー心理学は共同体感覚という武器を用いて、社会的孤立と戦っていかなくてはならないだろう。共同体感覚の不足を個人の勇気の欠如という内的問題としてのみ捉えてはならない。それはその個人や保護者や担任が孤立しているという社会的文脈の問題でもある。社会の共同体感覚が減り、包み支え抱きかかえることができなくなっているということの表われなのだ。

それは関係性が何もないという問題である。陽性症状ばかりに目がいくが、その背景には人とのつながりがないという陰性症状がある。ないところには作るしかない。この私事化による無縁化が進む社会において、共同体感覚を広げることは有縁化による包括を進めることに資すると思われる。無縁社会を食い止めて有縁社会を育むのが、現代のアドラー心理学の使命と言える。

【文献】

鈴木義也（2017）病院臨床における思春期（深沢孝之編著 思春期・青年期支援のためのアドラー心理学入門. アルテ）

森田洋司編著（2003）「不登校追跡調査」から見えてきたもの（不登校—その後——不登校経験者が語る心理と行動の軌跡. 教育開発研究所）［伊藤茂樹編著（2007）リーディングス 日本の教育と社会 第8巻 いじめ・不登校. 日本図書センター］

第9章　不登校へのアドラー心理学的アプローチとは
　　　　　　　　　　　　　　　　　　深沢　孝之

不登校を巡って

　不登校はさまざまな要因が絡む複雑な問題である。実際に不登校になった子どもたちのありようも多様性に満ちている。「学校に長期間行けなくなる」ということだけが共通である。単に心の悩みというだけでなく、頭痛や腹痛など身体の諸症状、生来的な発達特性の問題、トラウマや愛着など過去の課題、進路や就職などの未来の方向性などが複雑に絡んでくる。まさに生物・心理・社会の多次元、過去・現在・未来の時間軸が、一人の子供に不登校として現象化している。

　もちろんこれらのことは成人でも同様であるが、相手が子どもであると、複雑さや困難さが増すことは否めない。例えば、子どもは相談を拒否していて、親や親族だけが困っていたり、子どもの理解を巡って学校と家庭の関係が悪くなっていたり、虐待や貧困などの家庭問題や社会問題との関連が強い場合である。

　また、不登校自体は精神医学的な疾患単位でないが、子どもの中には精神科的な問題を持っていることもある。スクールカウンセラーや教師など支援者は、その辺の目配りも欠かしてはいけない。一般に保護者はその方面の目は持っていない（持ちたくない）ことが多いからだ。

　そもそも教育問題は人を熱くさせる性質がある。誰もが自分が

受けた教育について、何らかの感慨や意見を持っているものである。そして、それらを根拠に我が子、我が教え子への教育方針を主張する。

そのために、現在その子どもが受けている教育体制に対して、その人がどのようなポジションを取るかにも多様性がある。少なくなってきたとはいえ、「学校に行くのは当然だ」「時には体罰も必要だ」という意見もあれば、頭から公教育全否定の人もいる。不登校臨床の現場は、当事者、関係者の価値観の違いから、思想闘争の様相を呈することさえある。

したがって、複雑な不登校の治療や支援はケースバイケースで、その状況やニーズに合わせてオーダーメイドでやるべきだ、という当たり前の結論に行きついてしまう。しかし、行き当たりばったりでは効率が悪いし、かえって悪化してしまうこともあるかもしれない。支援においては、ある程度の学術的裏づけと経験知に基づいた、何か一貫した視点や方法があった方が良いと筆者は思う。

そこで、アドラー心理学である。

筆者自身は心理学の研究者ではないが、心理学の知見や方法論を、臨床の現場に応用する立場の人間である。筆者をアドラー心理学に導いてくれた岩井俊憲氏が昔筆者に教えてくれた言葉でいうと心理学者ではなく、「心理芸者」である。そのためには芸を磨かなければと、これまで精神分析学やユング心理学から認知行動療法等々、相当な数の学派やアプローチを、機会を見つけては学んできたつもりである。

その中でも自信を持って言えるのが、アドラー心理学は使いやすさ、理解しやすさ、効果、そして意外にも奥深さにおいて、大変に

優れているということである。もちろん、アドラー心理学が唯一絶対に正しいと言っているわけではない。効果だって科学的エビデンスが確立されているわけではない。ある個別の問題を見たら、もっと優れている方法はいくつもある。それでもアドラー心理学は「いい感じ」に、支援者も教育者も子どもも家族もしてくれるのである。ここはなかなか言語化が難しいところだ。

アドラーと学校教育

　そもそもアルフレッド・アドラー自身は、学校教育に大いに期待していた。むしろ家庭でのしつけや教育には限界があることを認め、その埋め合わせを学校がすることを望んでいた。

　　子どもたちの困難に気づき、親の誤りを正すことが、教師の課題である。このより広い社会生活に準備ができている子どもがいる。そのような子どもたちは、既に家庭で他者に関心を持つ訓練がされている。しかし、準備ができていない子どももいる。そして問題に準備できていなければいつも、躊躇したり、しりごみする。遅れているが、たしかに精神発達遅滞ではない子どもは皆、社会生活への適応という課題の前でためらっているのである。そして、教師は、子どもが新しい状況に立ち向かう援助をするための最善の位置にいる（アドラー, 1931）。

　家庭での親だけのかかわりでは、多かれ少なかれ足りないところや偏ったところが生じうる。むしろ、親は時代に合わない間違った

考えや行動を教え込むことさえある。そういうところを補い、修正し、子どもの共同体感覚を健全に成長させていくことが学校教育の使命だとアドラーは考えていた。そして第一次世界大戦後のウィーンに、時の政権に働きかけて児童相談所網を作り、教師たちの相談や親子の面接を精力的に行った。

　もしそんなアドラーが、現代日本の教育状況を知ったらどう思うだろうか。「なんでこんなに学校嫌いの子どもがいるんだ！」と怒ったかもしれない。いやいや、温厚なアドラーさん、原因論に陥らず、やさしく穏やかに「こうした方がいいよ」と我々に諭してくれるかもしれない。などと埒もないことを想像しつつ、最終章として、アドラー心理学が不登校問題にどのように貢献できるかをまとめておきたい。

予防的アプローチとして

　先にも述べたように、アドラーは、心の治療も大事だが、それ以前に教育によって子どもが問題を起こすことを予防することが大切であると考えていた。これはメンタルヘルスが叫ばれ、心理教育が盛んになった昨今を思うと、やはり先駆的である。

　先ず家庭において、親や養育者がアドラー心理学を学び、勇気づけを軸とした子育てができれば、自尊心や他者信頼感、貢献感が子どもの中に育つことが期待できる。

　発達心理学が明らかにしたように、乳児期から幼児期にかけては、適切な親子関係により適切な愛着関係を形成することが最重要である。それを土台に、幼児期から児童期、思春期には、アドラー心理

第9章　不登校へのアドラー心理学的アプローチとは

学流の子育てによって、子どもは適度な自信と勇気、自立心、そして共同体感覚を伸ばし、積極的に学校・社会生活に参加できるようになることが期待できる。

そのような子どもは、もし学校や友人関係で何かトラブルがあっても、問題行動や身体症状といった不適切、不健全な方法でその思いを表す必要はなく、素直に「学校に行かない、行きたくない」と表現できるだろう。アドラー心理学を学んだ親は、本来子どもの課題である登校を強要したり、子どもを責めたりせず、冷静に子どもの思いを受け入れることができるので、子どもは安心して思いを伝えられるからである。

ちなみに、アドラー心理学で子育てすれば不登校にならない、ということはないであろう。親の悩みがなくなるわけでもない。むしろ、「ちょっと変わった子」に仕上がってしまって、学校環境に不適応をきたすこともあるかもしれない。しかしそれでも親は、子どもの直面している問題に、もちろん心配はするが、無駄に悩んだりしないで、自分にできることは何かを自らに問いかけ、子どもにかかわることができるかもしれない。

学校側は、赤坂（2014）や佐藤（2016）らが主張するように、「クラス会議」や勇気づけの実践により、学級を温かく居心地が良い雰囲気にすることができる。そうなれば、子どもたちの学級や学校への所属感は高まるので、自然に登校意欲も高まると期待できる。学校における不登校の予防とは先ず第一に、学級作りであることをアドラー心理学は主張する。

発達障害など発達にユニークな特性を持つ子どもに対しては、近年充実してきた個別指導、特別支援教育は当然重要な役割を果たし

173

ている。だが、個の力を高めればその子どもの集団適応力が高まるとは限らないことも留意したい（赤坂, 2013）。かといって、不用意に定型発達の子どもたちが多数派である集団にその子を入れれば、自然に仲良くやっていけるほど、現実は甘くない。まず、子どもたちが所属する集団、すなわち学級の勇気づけ力を高めることは、発達障害の子どもにもポジティブな影響を与えるであろう。

カウンセリング・コンサルテーションの方法として

　アドラー心理学は、スクールカウンセリング、医療、福祉等のほとんどすべての臨床現場で参照できるだけの理論と方法を持っている。また、他のアプローチの技法（認知行動療法、家族療法等）との折衷も十分に可能である。

　ただ、本邦での心理臨床分野におけるアドラー心理学を紹介したテキストは、これまで極めて少なかった。ここ数年ようやく出てきている。アドラー心理学の臨床上の考え方、技法については、鈴木・八巻・深沢（2015）、鈴木・深沢・八巻（2017）、山口（2017）、特にスクールカウンセリングについては深沢（2015）、思春期・青年期の支援については深沢（2017）を参照していただきたい。

　ここでは本書各章の報告と筆者の経験を踏まえ、アドラー心理学を不登校臨床で使う際のポイントを列挙していきたい。

(1) 目的論的理解

　子どもが不登校になったとき、周囲の人はどのように考えるだろうか。親や親族は、「なぜ、うちの子どもは不登校になったのか」

第9章 不登校へのアドラー心理学的アプローチとは

と自らに、家族に、あるいは教師や専門家に問うだろう。それを受ける教師やカウンセラーや医師もまた、その訴えを聴きながら自問していく。

幼児期の母子関係？ 確かにそういう影響もあるかもしれない。母子分離不安とか。愛着の問題は絶対に無視できない。もし虐待が疑われるようであれば、考えるべきことは飛躍的に増える。これまでこの親はどのような子育てをしてきたのだろうか。

いじめ？ 教師の指導力不足？ 不登校は学校があってこその現象であり、不登校行動と学校の関係性を明らかにするのは必須である。子どもと学校の間に何があったのだろうか。

多くの場合、ここで「トラウマ」という言葉が出てくる。子ども自身や家族から、「あのトラウマのせいで学校に行けない」という言い方がされることがある。トラウマ？ 大変だ、どうしたらいいだろうか。

発達障害か？ このワードを避けることは、現在の子どもの臨床ではあり得ない。心理検査は受けているのか、診断を受けたことがあるのか、知的能力のレベルやバランスはどうだろう。

精神病の発症とか前駆症状の可能性は？ しかし親は精神病とか精神科と聞くと不安になるだろうから、気をつけて聴き取りをしなければ。

これらはみな、重要な問いである。決して外してはならない。

では、当の子どもは、これらの「原因」の被害者か？

アドラー心理学は、ここはいったん判断を留保する。そして、そのような生育歴、環境の中で、子どもは何を目的に不登校を選んだのかを考えてみる。もちろん、被害者としかいいようのない事例も

あるので、いたずらに子どもを責めるわけではないが、それでも不登校という行動を、当事者は主体的に選択したという視点に立つ。それが「目的論」であり「主体論」という発想である。

　子どもは不登校によって何を求めているのか。

　ここでアドラー心理学では便利なツールがある。「不適切な行動の目標」という、人の問題行動や症状を、注目・関心を引く、権力闘争、復讐、無気力を示す、と4つの目標に当てはめてみる方法である（鈴木・八巻・深沢, 2015）。

　同じ学校に行かないという行動でも、「相手役」が誰かによって、その意味するところ、つまり目標は違うことはよくある。教師には「ほっといて」と無気力を示しているのかもしれないし、母親には「かまって」と注目・関心を引きたいのかもしれない。

　ただこの4つの目標だけで説明しきれない場合もある。例えば学業、勉強のつまずきをきっかけに休み始めることは珍しくない。「9歳の壁」とか「中1ギャップ」という言葉があるが、学年が進み、学業のレベルが上がるにつれて、その子どもの知的能力のレベル、あるいはバランスの偏りなどによっては、ある時期から学業についていけなくなる子どもが相当数いるのは教育、臨床関係者なら周知のことだ。

　そうなると、「勉強しなさい」という親や周囲からのプレッシャーが強まったり、クラスメートや兄弟姉妹との比較により子どもは、「できない自分」に直面させられることが増える。そして自尊心が低下し、劣等感が強まり、勉強という課題に向かう「勇気がくじかれる」。劣等感は他の手段で代替できれば補償されるが（スポーツなどで活躍できれば）、それも難しければ、学校から逃げるしかな

い（と思い込む）。これは勉強というストレスからの「回避」によって、自己を守ることを目的としているともいえる。

　以上のような目標は、学校という課題に対して子どもが抱いている短期的な目標といえる。さらに、それらを生み出すもっと深いレベルの目標がある。アドラー心理学でいう「ライフスタイル」であり、その構成要素である「自己理想」である。成績が落ちたから登校しなくなるというのは、「私は優秀でなければならない」「人（親）の期待に応えなければならない」などといった目標を持っているためかもしれない。

　ただ、このような基本的な認知スタイルをカウンセリングの対象にするのは成人のケースが多く、特に児童期の子どもとの面接で直接的に扱うことは少ないかもしれない。しかしライフスタイルは10歳ぐらいまでに完成するというのが、アドラー心理学の見解であるので、多くの不登校児は既に固有のライフスタイルを持っているはずである。場合によっては、セラピストは子どもと、ライフスタイル・アセスメントを使って子ども自身のライフスタイルを探求し、話し合うテーマにすることが望ましい場合もある。

　そこまでしなくても、子どもとの会話から、子どもの自己理想を推測することはできる。筆者は面接でよく、「転生願望」と呼ばれる質問をする。「人間以外のものに生まれ変われるとしたら、何になりたいですか？　その理由は？」と聞いてみるのである。この類の質問では、「動物に生まれ変わるなら？」と生まれ変わり先を限定する場合もあるが、筆者は「人間以外なら何でもOK」というのが好きである。

　ある中学生宅を家庭訪問して居間で子どもと会話しているとき、

この質問をしてみた。その子はなんと、「シーラカンス」と答えた。筆者はとても興味を抱いて「なんで？」と聞いてみた。「変わらないですむから」とその子はややうつむいて恥ずかしそうに答えてくれた。古代から深海でひっそりと生きているシーラカンスが、目の前の彼のイメージと重ならないではいられなかった。「自分は変わらない。静かな世界で、周りと関わらずに生きたい」という自己理想が推測された。それが良いとか悪いとかはない。ただ、この子が世に出る（学校に向かう）にはまだ時間がかかるだろうとも思った。

　面白いのは、その場に同席していた母親が我が子の言葉に驚き、なんとしても学校に行ってほしいと焦っていた気持ちが、受容的に変化したことだった。少しずつ時間をかけて、彼と家庭は変化していった。結局中学校には行かなかったが、3年生の秋に通信制の高校を自ら選んで進学した。この子の転生先が、シーラカンスから別のものに変わったかは、残念ながら聞いていない。

　自己理想はもちろん固定したものではなく、人生のプロセスで十分変わりうる。アドラー心理学では、人の性格は変わりうると楽観的に信じている。ただ、本人が当面はこの方針で生きたいというのであれば、周りは受け入れるしかない。ちなみにこの母親にも転生願望を聞いたところ、「うさぎ」であった。せわしなく動く働き者のうさぎさんが、どうやってシーラカンスさんと付き合うかを、母親との個別面接でメタファーとして使わせていただいた。

（2）誰の課題かを考える
　子どもが不登校になった当初は、多くの親は戸惑い、原因がわからないと苦悩する。その初期はどうしても学校に行かせたくて親は

第9章　不登校へのアドラー心理学的アプローチとは

無理をするので、親子関係が険悪になることも少なくない。

　しかし、親が子どもの状態を受け入れ、信頼を示し始めた時から、事態が動き始めていることが非常に多い。

　本書でも母親がアドラー心理学を学び始めた時期から、それが始まったエピソードが語られていた。学校に行くか行かないか、勉強をするかしないかは、つまるところ最終的にその責任を負うべき「子どもの課題」であり、親や周囲は子どもの課題に侵入しないという決断をした時から、親子の関係性が変化する。

　それは親が子どもの主体的選択としての不登校を尊重し、子どもの成長する力を信頼しようとしたことを意味する。もちろん、試行錯誤や迷いの時期はあり、その実践度合いに個人差はある。

　同じような発想や体験は、これまでもアドラー心理学以外の、不登校支援・臨床にかかわる人たちからも多く語られてきた。そこでは「見守る」「寄り添う」「待つ」「受容する」といった言葉が使われてきたと思う。その点でこれは、不登校支援における普遍的なアプローチであろう。

　そこであえていうと、アドラー心理学の「主体論」や「課題の分離」という考え方をベースにすると、親や周囲は自分たちが何をするべきかが、より明確になるように思われる。つまり「不登校は子どもの課題」、では「私の課題は何か」という視点を得るからである。それは仕事かもしれないし、家事諸々かもしれない。また、自分の趣味や人生を楽しむことかもしれない。子どもが不登校をしているのに、親が楽しんでいて良いのか、という疑問や罪悪感を持つ方もいるようだが、「良い」のである。その方が子どもにとっては余計なおせっかいをされずに、楽になれるかもしれない。大人になった

不登校経験者から、「親が不幸で不機嫌な顔をしているのを見るのが、自分のせいと思えて何よりつらかった」といった話をよく聞く。親のメンタルヘルス状態が良くなることで、家庭の雰囲気が良くなれば、子どもにも余裕をもって付き合えるかもしれない。また、親が自分の人生をより良く生きる姿を見せることは、モデリングの効果もあるかもしれない。

しかし、子どもの課題だからといってすべて子どもに任せて放っておく、というわけではないことも留意したい。子どもは経験不足、知識不足は明らかだからだ。不足した情報と知恵では、間違った判断をしている可能性は大いにある。

その時、いったん分離した課題を統合することを試みる。「共同の課題」として、こちらの思いを提案する。大人が持っている情報、知識から具体的な案を提案して、子どもが合意すればその実行を支援することになる。

以上の段階を考えれば、「課題の分離」という言い方は正確ではなく、「課題の分担」と呼ぶべきかもしれない。

「課題の分担」とは、筆者のアドラー仲間で臨床心理士である久保田将大氏が、大学院で「課題の分離」の研究をする中で思いついた言葉である。なかなか言い得て妙である。確かに、昨今のアドラーブームで「課題の分離」という言葉が広まったのは良かったが、多くの人が「分離」に焦点を当てすぎていたように見受けられた。「とにかく分けておけばいいんだろう」「私はあなたの課題とは関係ない（だから何もしない）」という具合である。事情を知るアドレリアン諸氏が、「そうではない」と主張しても、「分離」という言葉を使っている以上、そうなりがちなのはやむを得ないかもしれない。これ

第 9 章　不登校へのアドラー心理学的アプローチとは

からは、「課題の分離」から「課題の分担」へ、アドラー心理学用語を変えてみるのはどうだろう。

　実際に著者がスクールカウンセラーとして親や教師にコンサルテーションする時は、この辺りがテーマになることが実に多い。そして、ここから先は実にバラエティーに富んでいる。学校復帰したい子どもと、現状維持でよいと考える子ども、やっぱり何としても登校してほしいと本音では願う親、公教育以外のオルタナティブな教育を考えている親子では、こちらから提案するものも違ってくる。クライエントのニーズに応えるため、専門性と柔軟性が求められるところである。それぞれの事情と目標に応じた「課題の分担」を提案していきたい。

(3) 共同体感覚を道標に

　不登校・ひきこもりの問題の解決をどの方向にもっていくかは、まさにケースバイケースである。筆者はアドラー心理学のほか、解決志向ブリーフセラピーや家族療法、応用行動分析学などもよく参照してきた。それらの中で最近は、田嶌（2010）の不登校臨床の実践を大変参考にさせていただいた。例えば「遊びに見る回復の段階」のアイデアは、子どもの観察や親へのコンサルテーションにとても役に立った。田嶌氏の臨床スタイルはアドラー心理学との共通性がうかがえるとの見解もあり（八巻・深沢・鈴木，2017）、参考になるところが多いのでおススメである。

　アドラー心理学を学ぶ者として不登校の子どもに対しても目指したいのは、やはり「共同体感覚の育成」である。アドラー心理学の心の治療、教育の目標は、必ずそれが謳われているからである。「精

神的健康とは共同体感覚があることである」というのはアドラー心理学の不変のテーゼである。

　だから、「不登校の子どもの共同体感覚を育成する」のがカウンセラーの「隠れた目標」になる。「隠れた」というのは、わざわざ「君、共同体感覚を育てようよ」と提案することはまずないからである。それはこちらの価値観に過ぎない。しかも共同体感覚は多義的で、さまざまな定義が試みられている難しい概念である。子どもにも親にも、そのままでは意味不明である。

　しかし、共同体感覚の指し示すものは、臨床上きわめて重要である。「他者の関心に対する関心」「貢献への意志」「自己受容感、所属感、貢献感等の総称」などと多くの概念から構成されるという共同体感覚は、一見とりとめがないが多義的であるがゆえに、複数の概念を統合したメタな視点に立つことを可能にしてくれる。そして、単に子どもの気分を明るくポジティブにするとか、今いる学校への適応を良くすることを目指すのではなく、もっと長期的な視点から支援の方向性を与えてくれる。すなわち、その人がその人に合った集団・社会に所属し、人々の福利に貢献しようと意思し、行動するようになることである。

　ただ、共同体感覚を子どもに強要するのではない。親の願いやカウンセラーの価値観は本来関係なく、その子なりの姿で共同体感覚が指し示す方へ向かっていければよい。我々の課題は、その子の所属の場になりそうなところを紹介したり、なんらかの協力的行動へ勇気づけることぐらいである。

　それでも親の価値観やカウンセラーのユニークな考え方が、子どもにとってモデルになることは大いにありうる。そのためにも、我々

第9章　不登校へのアドラー心理学的アプローチとは

が共同体感覚を育て、実践すること、日頃から子どもと良い関係（相互尊敬・相互信頼、横の関係）を作っておく必要があろう。

　特に、直接子どもに会う機会が限られていたり、子どもには会えず保護者だけにしか会えない現場では、カウンセラーにできることは限られている。しかし貴重な面接の機会をクライエントとの「良い時間」にすることができれば、共同体感覚の育成とはいかなくても、その「種まき」となるかもしれない。

　ある日、筆者の住む地域のある駅で、「先生」と声をかけられた。振り向いたら一人の青年が立っていた。だが筆者は誰かわからず、きょとんとしていると、

　「中学の時にお世話になった○○です」と彼は言った。私は、アッと思いだして、「おおっ」と叫んでしまった。数年前にかかわった不登校の子どもだった。懐かしくなってほんの少し立ち話をした。彼は休みがちだった中学校を卒業して入学した高校には、なんとほぼ休まず通っていた。今は3年生でこれから就活をするそうである。彼の体は大きく見えた。実際、身長も伸びたのは間違いないが、何より姿勢が良くなっていた。

　「あの時は甘かったです」と彼は言った。筆者はその意味は聞かず笑顔で聴き、「じゃあ、がんばってね」と別れた。

　彼が精神的に甘かったから不登校になったと筆者は思わないが、確かに彼は中学時代、頭痛や胃痛などをしきりに訴えていた。いつも身体がやや斜めに前かがみ気味で、ひ弱そうな印象を周囲の人たちに与えていたので、筆者はその変わりように正直、驚いた。まさに、「男子三日会わざれば刮目して見よ」の通り、思春期の子どもが短期間で見違えるほど変わるのはよくあることである（男女問わ

ず）が、実際に見るとやはりうれしくなる。

　果たして筆者のかかわりの成果があったかはわからないし、むしろ高校とのマッチングが良かったことが彼の成長の主な要因と思うが、なかなかうまくいかなかった彼の中学時代を面接室で共に過ごしたことが、彼の共同体感覚の育ちにいくらかでも寄与していればうれしいし、であればありがたいと思わずにはいられなかった。

【文献】

Adler, A.（1931）*What Life Should Mean to You*. Little Brown.（岸見一郎訳（2010）人生の意味の心理学（下）. アルテ. p.13）

赤坂真二（2013）「気になる子」のいるクラスがまとまる方法！. 学陽書房.

赤坂真二（2014）赤坂版「クラス会議」完全マニュアル――人とつながって生きる子どもを育てる. ほんの森出版.

深沢孝之編著（2015）スクールカウンセリングのためのアドラー心理学入門. アルテ.

深沢孝之編著（2017）思春期・青年期支援のためのアドラー心理学入門. アルテ.

佐藤丈（2016）勇気づけの教室をつくる！――アドラー心理学入門. 明治図書出版.

鈴木・八巻・深沢（2015）アドラー臨床心理学入門. アルテ.

田嶌誠一（2010）不登校――ネットワークを生かした多面的援助の実際. 金剛出版.

八巻秀・深沢孝之・鈴木義也（2017）臨床アドラー心理学のすすめ. 遠見書房.

第 9 章　不登校へのアドラー心理学的アプローチとは

山口麻美編著（2017）アドラー臨床心理学入門——カウンセリング編．アルテ．

おわりに

　本書を仕上げる直前、増え続ける不登校について、「文部科学省は、従来の学校復帰を前提とした支援のあり方の見直しに乗り出す」という報道があった（2019年10月26日朝日新聞DGITAL https://www.asahi.com/articles/ASMBT2RNQMBTUTIL004.html）。フリースクールなど学外の施設に通う不登校生を「出席」扱いにしやすくする通知を全国の教育委員会に出したそうである。

　社会の不登校の子どもたちへの眼差しは、確実に柔らかいものになってきている。これからは不登校の子どもに対して、フリースクールやホームエデュケーションなど、学校以外の教育が提供される機会、場所、手段が増えてくるだろう。学校に合わない思いを持つ子どもたちにとっては、少しでも住みやすい社会になることを期待したい。

　一方で、学校には学校の良さがあるだろうし、これからも学校が、子どもの教育の中心機関であり続けるだろう。学校側がさらに創意工夫をして、多様な子どもを受け入れることができる環境になれば、不登校の子ども、あるいは集団になじみにくい特徴を持つ子どもたちの相当数が救われるだろう。アドラー心理学では、子どものみならず人は、「所属の場」を求め続けて生きていると考えている。学校が子どもたちにとって、「ここは自分の所属の場だ」ともっと認識してもらえるようになれたら素晴らしい。

　しかし、そうすぐに現状が変わるわけではない。アドラー心理学を実践する私たちとしては、これからも目の前の子どもと家族を勇

気づけて支援していくことにエネルギーを注ぎ続けていきたい。

　アドラー心理学は、心理職以外のさまざまな現場の人が使える汎用性の高い心理学である。本書をきっかけに、不登校に関係する方々がアドラー心理学の学びに参加していただけるとありがたいと思う。

　これまで私は、編者としてアドラー心理学の臨床本を何冊か出させていただいたが、今回ほど手間取ったものはなかった。書き上げるのに苦労した執筆者も多く、当初の締め切りを大幅に過ぎてしまった。私自身も、うまく言えていないところ、カバーできていないところが多々あると感じている。特に不登校に関連の深いひきこもり（特に青年、成人）には触れることができなかった。いつか機会を作って報告したい。

　それにもかかわらず、「不登校をテーマにした本を出そう！」という私の思いに快く協力してくれたアドラー仲間の各執筆者には感謝したい。

　そして、思わず時間がかかってしまった原稿の仕上がりを辛抱強く待ってくれたアルテの市村社長にも、心から感謝申し上げる。

　2019 年秋

深沢　孝之

執筆者紹介（執筆順）

山口　麻美（やまぐち　まみ）
　1974 年、千葉県生まれ。一般企業での勤務経験の後、青山学院大学大学院教育人間科学研究科心理学専攻臨床心理学コース博士前期課程修了。公認心理師、臨床心理士、アドラーカウンセラー。現在、東京都公立学校スクールカウンセラー、千村クリニックカウンセラー、発達支援関連の特定非営利活動法人カウンセラー、スタッフ。共著に『アドラー臨床心理学入門——カウンセリング編』（アルテ）

佐藤　丈（さとう　たけし）
　1964 年、山梨県生まれ。山梨大学教育学部卒業。山梨県公立小学校教諭、公認心理師。著書に『勇気づけの教室をつくる！——アドラー心理学入門（心理学 de 学級経営）』（明治図書出版）、分担執筆に『アドラー心理学を活かした学級づくり 実践事例でわかりやすい』（会沢信彦編著、学事出版）『今日から始める学級担任のためのアドラー心理学——勇気づけで共同体感覚を育てる』（会沢信彦・岩井俊憲編著、図書文化社）『ほんものの「自己肯定感」を育てる道徳授業（小学校編）』（諸富祥彦編著、明治図書出版）など。

三輪　克子（みわ　かつこ）
　1952 年、岐阜県生まれ。愛知県立大学卒。公立中学校教諭として 30 年務める。現在、アドラーカウンセラー、セミナー講師。分担執筆に『学級担任のためのアドラー心理学』（図書文化社）

夏見　欣子（なつみ　よしこ）
　1972 年、和歌山県生まれ。大阪千代田短期大学幼児教育科卒業。保育士として保育園勤務。現在、和歌山県教育庁学校教育局 義務教育課 児童生徒支援室教育相談員。和歌山県スクールカウンセラー。分担執筆に『アドラー心理学によるスクールカウンセリング入門』（アルテ）

大松　美輪（おおまつ　みわ）
　1964 年、和歌山県生まれ。立命館大学大学院応用人間科学研究科応用人間科学専攻修士課程修了。アドラーカウンセラー、精神保健福祉士、特別支援教育士。現在、大阪府教育委員会チーフスクールソーシャルワーカー等。

鈴木　義也（すずき　よしや）
　東洋学園大学人間科学部教授。臨床心理士、学校心理士、ガイダンスカウンセラー、支援助言士。訳書に『はじめてのアドラー心理学』（一光社）、著書に『まんがで身につくアドラー』（あさ出版）、共著に『アドラー臨床心理学入門』『アドラー心理学によるスクールカウンセリング入門』（アルテ）『臨床アドラー心

理学のすすめ』(遠見書房)『これ1枚で学級の問題が解決できるエンカレッジシート』(学事出版)

◆編著者

深沢　孝之（ふかさわ　たかゆき）

　1965年、山梨県生まれ。早稲田大学第一文学部心理学専修卒。人間総合科学大学大学院心身健康科学科修了。公認心理師、臨床心理士、臨床発達心理士、シニア・アドラーカウンセラー。心理臨床オフィス・ルーエ代表、山梨県スクールカウンセラー等。地域活動として、日本支援助言士協会顧問、山梨県臨床心理士会会長、全日本柔拳連盟甲府支部長（気功法、中国武術の指導）。監修に『「ブレない自分」のつくり方』(PHP研究所)、共著に『アドラー臨床心理学入門』（アルテ）『臨床アドラー心理学のすすめ』（遠見書房）、編著に『アドラー心理学によるスクールカウンセリング入門』『思春期・青年期支援のためのアドラー心理学入門』（アルテ）。

不登校に向き合うアドラー心理学
―― どうすれば子どもと親に勇気を与えられるのか

2019年11月25日　第1刷発行

編著者	深沢　孝之
発行者	市村　敏明
発行	株式会社　アルテ 〒170-0013　東京都豊島区東池袋2-62-8 BIGオフィスプラザ池袋11F TEL.03(6868)6812　FAX.03(6730)1379 http://www.arte-pub.com
発売	株式会社　星雲社 〒112-0005　東京都文京区水道1-3-30 TEL.03(3868)3275　FAX.03(3868)6588
装丁	Malpu Design（清水良洋＋高橋奈々）
印刷製本	シナノ書籍印刷株式会社

©Takayuki Fukasawa 2019, Printed in Japan　　　　ISBN978-4-434-26026-1 C0011